EL DIVORCIO

¿Qué huella deja en los hijos?

EL DIVORCIO

¿Qué huella deja en los hijos?

MARIANO GONZÁLEZ RAMÍREZ

Copyright © EDIMAT LIBROS, S. A.

ISBN: 84-9764-301-1
Depósito legal: M-48673-2002
Fecha de aparición: Febrero 2003

Colección: Guía de padres
Título: Divorcio
Autor: Mariano G. Ramírez
Diseño de cubierta: El ojo del huracán
Impreso en: LÁVEL

IMPRESO EN ESPAÑA – *PRINTED IN SPAIN*

Este libro nunca lo leerán los desaprensivos/as que sólo ven en la vida su propio rostro egoísta; que no les importa nada nadie, ni siquiera su familia. Estos seres son hijos/as de la ignorancia y del egoísmo, y como consecuencia, permanecen en la oscuridad y se nutren de bajeza. Sin embargo, hay muchos seres que quieren superarse, crecer por dentro... porque reconocen que la vida compartida con los demás seres humanos, la familia y la naturaleza entera, necesita del conocimiento para ser vivida en armonía. Para ellos, especialmente, va dedicado este libro. Que sepan respetarse a sí mismos y a los demás.

PRÓLOGO

Los conflictos de los padres siempre son una amenaza para ellos y para la propia estabilidad de los hijos. En toda familia se producen crisis; muchas de ellas pueden llegar a un extremo, cuyo desenlace sea la ruptura de la pareja y por consiguiente la desestabilización de la familia.

La inmadurez, la carencia de afectos, la falta de vocación para ser padres, los problemas económicos, el enfriamiento de las relaciones... son entre otras causas, los motivos más comunes por los que la pareja y la familia se ven profundamente afectadas. Un hogar donde las relaciones interpersonales están impregnadas siempre de asperezas emocionales; donde nunca se llega a ningún acuerdo, porque no se posee la capacidad de conectar con los afectos individuales de cada miembro y poder así desarrollar la capacidad de amar; donde la superioridad del machismo o el feminismo son tiranos que continuamente faltan al respeto... Un hogar invadido de tensiones y violencia, destruyen continuamente la paz de la familia y dejan huellas profundas de angustia en los niños. En estos ambientes, los hijos sólo anhelan el día que se acabe todo, porque así también —piensan— podrán liberarse de tantos sufrimientos.

Muchos niños entristecen y caen en la depresión; otros se consuelan evadiéndose de muchas maneras, y en todas ellas se genera una forma de ser cuyas raíces son, en la mayoría de los casos, patológicas. Muchos podrán superar su trauma, pero en otros degenerará en obsesiones y neurosis de las que tendrán que conquistar ese amplio campo mental de la armonía, convirtiéndose el día a día en una lucha sin cuartel, en la que muchas veces se pierde la batalla, preocupados y atentos sólo en ellos mismos, como autistas ensimismados en las reacciones biológicas provocadas por innumerables impresiones ocultas y emergentes, como volcanes en los que la causa de su existencia es un profundo movimiento de energía interna incandescente. Algo existe en el interior que marca a los niños que tuvieron que sufrir y soportar la inestabilidad y la continua contienda de unos padres mal avenidos.

No hay nada más triste para un niño que ver a sus progenitores pelear continuamente. Y si alguno de ellos, o los dos, como evasión, toman drogas o alcohol y son insensibles ante el dolor que producen sus acciones, como diría aquel, «apaga y vámonos».

He sentido a muchos niños y jóvenes sufrir la angustia y la inseguridad que producen los ambientes saturados de asperezas emocionales. El divorcio para ellos es la solución y la liberación del clima de discordia. En muchos casos es empezar una nueva vida, que quizá resulte más grata si ambos cónyuges deciden mantener buenas y justas relaciones. Esto sería lo ideal, que la responsabilidad y el compromiso adquirido con los hijos fuera, hasta la emancipación de éstos, como una ley que no se pueda infringir por nada del mundo. El cuidado de los hijos, a todos los niveles, siempre debe ser una obligación sagrada para los padres, y si éstos están incapacitados, la sociedad los acogerá, como un deber obligatorio. Sólo que, para aceptarlos y amarlos, tendrían que haber evolucionado hacia la fe religiosa para poder entender el significado del amor a los demás. Mi admiración y respeto por Teresa de Calcuta me lleva a ponerla continuamente de ejemplo humano sorprendente en estas sociedades deshumanizadas:

«A pesar de la fragilidad física de la Madre Teresa, a pesar de que cada día tenía la espalda un poco más corvada y de que prácticamente todas las mañanas tenía fiebre, su obra seguía expansionándose hacia otros campos. A finales de 1983 se vio obligada a apelar a fundaciones ya existentes para prescindir de algunas hermanas, porque tenía pendientes de resolución cientos treinta solicitudes que reclamaban la apertura de nuevas casas. Su indeclinable entusiasmo para iniciar nuevas fundaciones se basaba en motivos profundamente espirituales.»

«Como insistiría la Madre Teresa, la labor emprendida y el espíritu con que se había llevado a cabo era el mismo en todas partes, pero el hecho de que se estuvieran abriendo un número creciente de casas de las Misioneras de la Caridad en países comunistas suponía para la Madre Teresa un hecho profundamente significativo y un tributo particular a la destrucción de las murallas más impresionantes ante la acometida de sus facultades de persuasión. Parecía que bastaba con decir a las autoridades más escépticas y ateas, de aquella manera tranquila y decidida que le era propia, *que quería llevar el amor y la ternura* a sus gentes para que se le abriese el camino. En el caso de los países comunistas, su decisión se veía respaldada, además, por unas aspiraciones personales que databan de antiguo.»

KATHRYN SPINK

Esas pobres criaturas necesitan todo el apoyo, el amor y la estabilidad para alcanzar un equilibrio humano satisfactorio; de lo contrario sucede, como es normal, ver, a través de la historia y nuestros días, la proliferación de la delincuencia de una forma terrible. La solución política siempre fue la creación de cárceles y más cárceles... y siempre ignorando que el problema más grave de las sociedades del mundo radica en el veneno emocional-violento que se vierte en el seno de la familia y la sociedad. Que lo más importante del mundo es la educación desde una base de *amor y ternura* y todo lo demás se da por añadidura

No cabe duda que la nueva situación familiar será un reto para todos, que es necesario explicar a los hijos. Pasar de la inestabilidad y el sufrimiento a otra situación más estable debiera ser en todos los casos como el aporte de una solución más que un problema. Sin embargo, sabemos que todas las personas no reaccionan de igual manera y el equilibrio y la armonía, en muchas parejas rotas, no es posible.

La relación armoniosa de los hijos con los padres, desde el nacimiento, es fundamental para su desarrollo, pero si esta relación ha sido destruida, es necesario crear una nueva, pues de lo contrario el desequilibrio es un riesgo inminente, produciéndose «crisis o rupturas existenciales», y detrás de ese telón negro y siniestro está agazapada la violencia y la muerte.

Los seres humanos quizá podamos adaptarnos a todo en nuestra infancia, pero lo normal es que las diversas circunstancias nos marquen para toda la vida. Los efectos no son detectables a corto plazo, pero a la larga resultan imborrables. Las huellas de las rupturas reaparecen en la edad adulta, o bien ya forman parte de la personalidad de los individuos. El divorcio es una profunda alteración, porque rompe el triángulo de equilibrio entre padres e hijos aunque sea la mejor solución para los casos graves de convivencia. Madre, padre e hijo/a son un triángulo de equilibrio fundamental para la evolución de la personalidad del niño o la niña. La feliz intimidad, rota por la separación o el divorcio, necesita de una nueva forma de vivir.

En la vida de los niños el desarrollo físico, la afectividad y las relaciones sociales son ya un desarrollo continuo. El cuerpo se identifica con el lugar donde vive. La casa donde se habita es el espacio conocido. Cada objeto es apreciado y amado y ocupa un lugar en el interior del niño. Fotos, posters, sillas, muñecos de peluche, mesa, cama, sus libros, el armario donde guarda sus zapatos y ropas... Todo esto es el universo que percibe diariamente y del que depende el niño o la niña, a la vez que es una prolongación de su cuerpo y de su mente. Como su cuerpo se identifica con la casa que habita, si el hogar se destruye se producen dos tipos de rupturas: por una parte su espacio vital, que repercute en el cuerpo, y a nivel afectivo, sus sentimientos se ven alterados.

«La vivienda quedaría para los hijos y los padres irían a vivir allí alternativamente para cumplir con su responsabilidad, con sus "deberes paternos". El lugar de residencia habitual de los hijos debería continuar siendo el mismo en que han vivido con sus dos progenitores y donde permanecerían con uno solo de ellos.

Esto no es válido sólo para la casa, sino también para la escuela, a partir de los siete u ocho años. En caso de divorcio, está contraindicado que el niño tenga que dejar su escuela para ingresar en otra. Podemos estar seguros de que sufrirá un retraso escolar de dos años; no podrá seguir el curso porque está demasiado dividido.

Cuando el divorcio se produce en pleno ciclo lectivo y el niño deja su escuela para ir a vivir en otro sitio, este hecho es también nefasto, pues experimenta un doble desasosiego: por una parte su ser íntimo, el sujeto tal como ha sido formado por aquellos dos seres estructurantes, se quebranta; por la otra, su ser social, que depende de sus compañeros de curso, queda dañado. Tendrá que habituarse a otros compañeros que le preguntarán por qué ha llegado a mitad de curso; de ahí su doble desasosiego.

También sucede que, para evitar conflictos, no se le diga al niño la verdad, y que se le dé esta única explicación: "Tu padre/madre se ha ido de viaje." Y la verdad es que el padre o la madre no regresan de ese viaje. En este caso, aunque el niño continúe escolarizado en el mismo centro, las cosas no funcionarán, pues la continuidad social ha quedado rota por no decir la verdad sobre el modo de vida separados.»

(FRANÇOISE DOLTO)

El ser íntimo del niño irremediablemente se quebranta por causas que él no puede comprender, poniendo en peligro su equilibrio y armonía, física y emocional. La realidad es que se trastorna y se vuelve incapaz de expresar lo que piensa y siente. En ese estado no salen las palabras. Su problema le absorbe por completo creándole un trauma que tiene que asimilar y superar. Estas reacciones se producen cuando se rompe algo por dentro. La sensibilidad es una cualidad para poder percibir la realidad. Son las antenas de nuestro ser, y si éstas reciben una descarga, se sufre. Sucede algo parecido cuando recibimos un corte en nuestra carne: el dolor nos impide hablar, hasta que asimilamos la herida y el dolor se ha atenuado. Después de un tiempo sanará definitivamente, pero la marca quedará grabada para siempre.

Huellas, huellas... y más huellas, siempre huellas. La vida deja huellas que son causas y efectos. Las pisadas en la arena de una playa son el efecto de unos pies que pasaron por allí y... ¿qué causa motivó a ese ser, pasar por aquel lugar? ¿Qué causa hizo posible la existencia de ese ser? ¿Qué causas hicieron posible aquel lugar: la arena, el mar...? Siempre nos preceden multitud de huellas, como un encadenado interminable que va dejando su rastro para siempre como consecuencia de las continuas acciones. Siempre nos encontramos a la vez con personas y circunstancias que hacen posible o imposible nuestras vidas; que dan sentido o nos desorientan. Toda la existencia se compone de esta forma de vivir y todo guarda relación. El universo está asentado sobre piedras angulares de equilibrio y la armonía de nuestro interior depende a la vez de infinidad de acciones de las que no somos capaces de sentir ni de comprender su efecto constructivo o destructivo. El caso es que todo está en continuo movimiento y transformación.

* * *

Aquella mujer adulta era feliz paseando por la playa. Todas las tardes andaba descalza e iba dejando sus huellas en la arena húmeda. El agua del mar en su vaivén continuo se encargaba de borrarlas, como se borraron muchos recuerdos ya lejanos que dejaron sus padres en su corazón y en su mente. Hija de padres divorciados, a sus veinticinco años, era una mujer alegre, como si las circunstancias del pasado no pesaran sobre ella. A simple vista sonreía y era feliz. Aquellos grandes ojos verdes lanzaban destellos optimistas y su timbre de voz penetraba con suave cadencia. Reía y repetía continuamente haber encontrado sentido a la vida. Ahondando se podrían llegar a saber los motivos y las razones que responden y dan respuestas para descifrar la armonía que algunas personas, a pesar de las circunstancias adversas, son capaces de generar en su interior, transformando todo su ser, su cuerpo y su vida.

Rita era una mujer independiente. Soltera. Incapaz de entender por qué la gente se casa o se une como pareja, si al más mínimo inconveniente, en meses o a los pocos años, se separan, produciendo inestabilidad y sufrimiento, y en muchos casos, abandonan a los hijos sin ningún escrúpulo de conciencia. No lo entendía, a pesar de haber sido una niña en parte maltratada y abandonada por unos padres infieles, irrespetuosos e irresponsables con ella. Sin embargo, lo que me sorprendía era su equilibrada forma de ser; su personalidad organizada, aunque muy condicionada por causa de su pasado. Vivía en relación a una forma de conducta, que ella consideraba digna y armoniosa.

EL AUTOR

CAPÍTULO I

UNA SOCIEDAD CAMBIANTE

«En los países avanzados muchos cónyuges deben decidir entre separarse o seguir unidos, tratando de descubrir cuál de las dos alternativas convendrá más a la pareja misma y a los hijos. Muchos de ellos optan por la ruptura. La mayoría de las parejas con problemas tienden a no aguardar la mayoría de edad de sus hijos y se separan aunque estos sean niños.

La decisión de deshacer la pareja constituye un "momento crucial" en la vida matrimonial y familiar. En efecto, cuando describen sus experiencias, muchos las asocian a episodios o decisiones que han cambiado de forma radical el curso de sus vidas respecto de los planes y previsiones precedentes. El final de un matrimonio, o de una convivencia, requiere de ambos compañeros el replanteo inmediato de un proyecto de vida compartido hasta ese día, y puede ejercer cierto efecto, negativo o positivo, sobre padres e hijos.

Los sociólogos y los demógrafos están de acuerdo en que sólo en las últimas décadas, la inestabilidad matrimonial se ha convertido en un fenómeno de grandes proporciones.

La relación de pareja está influida en todas sus fases, incluida la de disolución, por agentes temporales: el contexto económico, cultural, político y jurídico; el grado de bienestar y seguridad material del país; las posibilidades laborales femeninas; la distribución de roles según el sexo, y las leyes vigentes sobre divorcio. Además, el equilibrio de la pareja cambia el ritmo del concepto que su época tiene de la familia, de la asignación de roles de producción y de gestión doméstica y del reparto de la renta entre los miembros de la familia; asimismo influye la concepción socialmente aprobada del papel de cada uno de los dos compañeros en la satisfacción de la sexualidad, la intimidad, la solidaridad, el apoyo mutuo... también intervienen factores ligados a la familia y al ambiente original de cada uno (valores e historias familiares, motivaciones, expectativas, mitos, actitudes y comportamientos interiorizados, elecciones individuales...).

En todos estos ámbitos, la sociedad occidental ha experimentado cambios que han favorecido la aparición de nuevas exigencias y expectativas en las relaciones de pareja. De ello son un buen ejemplo las historias que siguen, ambientadas en tres países muy diferentes, pero que tienen en común similares transformaciones sociales y económicas, tales como la afirmación de un bienestar económico generalizado y de ideologías que anteponen al crecimiento individual y la realización propia los valores tradicionales de la familia, la emancipación femenina, la disminución de la importancia de la religión en la regulación de las relaciones de pareja y la vigencia de una legislación divorcista muy permisiva.

DONATA FRANCESCATO

Nuestro mundo está plagado de multitud de formas de pensar, que son como el disfraz de nuestra verdadera forma humana de ser. La fantasía y la imaginación nos desbordan, y lo que más me sorprende es que todo depende de esos filtros emocionales y de pensamiento que hacen de la vida una realidad, aunque sea de mentira.

Da la sensación de que todo pensamiento puede ser válido, por la facilidad con que puede ser llevado a la práctica. Es ciertamente impresionante la capacidad que tenemos los seres humanos para hacer realidad los sueños y todo aquello que pensamos y sentimos. Si el mundo

21

entero se orienta con una determinada mentalidad, esa es la realidad que se impone.

Me parece mentira percibir tanto abigarramiento de colorido pensante, tantas veces ensombrecido por acciones que perjudican de una forma nefasta a los hijos. ¡Qué agobio y, muchas veces, qué confusión! Y esa es una de las poderosas realidades nacida de una mentalidad que dista mucho de ser la mejor. Parece ser que los seres humanos de nuestros días estamos inventando cada dos por tres nuevas fórmulas para superar, una y otra vez, la moda de nuestra imbecilidad. Como si todos hubiéramos perdido la cordura y esa fuese la mejor mentalidad. Quizá me confunda, porque las circunstancias son poderosas influencias que nos llevan a aceptar lo que hay. Por otro lado me hace pensar, como si casi todo el mundo fuéramos conscientes de nuestra falta de capacidad, «debilidad», para poder vivir profundamente la existencia junto a otra persona, en una relación de pareja estable y asumiendo los defectos y las virtudes de forma natural. Como si sólo tuviera sentido la propia autonomía personal egoísta, sin capacidad ya para formar o integrar una familia, en un estilo de vida con significado propio y desde el sentimiento, entregado a todos sus componentes, y muy en especial, cuidando los valores que nos capacitan para responsabilizarnos por entero de nuestros hijos. Pero si las personas entendemos la vida en armonía y nos sometemos a un diseño (palabra que está de moda) de conducta superficial, tendremos que madurar y desarrollar otra forma de relación, para que la separación sea digna y no perjudique a nadie, y mucho menos a nuestros hijos, que son, según nuestras actitudes personales, los que perderán o ganarán.

Es importante analizar de una forma objetiva nuestras circunstancias particulares, tanto materiales como morales, y procurar pensar cuál es la mejor postura para hacer frente a la nueva situación familiar.

Desde mi punto de vista, lo más importante es el desarrollo no violento. Restar violencia y no entrar en discusiones que alteren y crispen. Aunque esta forma de conducta sea difícil de conseguir, debe ser un objetivo prioritario. El control de nuestra animosidad y los egoísmos personales, debemos percibirlos para controlarlos mejor. La separación, en muchos casos, es una prueba de valor y autenticidad si nos queda algo de amor, aunque sólo sea por nuestros hijos.

En esta sociedad cambiante algo tenemos que hacer además de destruirlo todo, y una misión muy importante es conseguir armonizar las relaciones, aprender a ser buenos amigos, para que nuestros hijos puedan superar y madurar esos momentos tan duros, y su vida sea digna y estable.

Todos los seres humanos cuando vamos camino de ser adultos, sentimos la necesidad de unir nuestra vida a otra persona. No soportamos la soledad. Además del fuerte impulso de la relación amorosa, sentimos nuestra profunda separación e impotencia ante la sociedad y la naturaleza. Necesitamos comunicarnos y unirnos a una persona para compartir la vida en lo bueno y en lo malo, pero... ¿para siempre?

La pasión romántica deja profundas huellas en los enamorados y todos, en su plan de vida, se encaminan hacia la felicidad. Todas las parejas de enamorados buscan la alegría y el bienestar como algo esencial y si es posible para toda la vida. Pero... ¿esta realidad se puede mantener en todas las parejas, hasta que la muerte los separe?

Seres humanos comprometidos, animales de costumbres y superficiales egoístas

El final de cada pareja es imprevisible, si es que hay final, porque todos conocemos a muchos hombres y mujeres que se mantienen unidos en sus lazos afectivos. Otros, influidos por la religión, consiguen mantener el cariño y en muchos casos la amistad. Puede en ellos la adaptación a una forma de vida en parte acomodada. La pareja puede vivir sin estar enamorada, pero sujeta a unas normas de convivencia, la sexualidad, unos valores, o el camino de la espiritualidad, que les da sentido para dar continuidad hasta que la muerte los separa. No cabe duda que muchos matrimonios saben valorar el significado de la familia unida, y sacrifican sus vidas por este ideal, aunque les resulte, en ciertos aspectos, una incomodidad vivir solo con una persona el resto de sus días.

Ciertamente los seres humanos somos animales de costumbres, y si nos acostumbramos a vivir de cierta manera, echamos raíces y nos hacemos cómodos e inamovibles. Muchos matrimonios se soportan, en multitud de aspectos de su vida, pero siguen juntos, tratando de comprender dimensiones personales en las que poder consolidar la relación afectiva el mayor tiempo posible y para el bien de todos. No cabe duda que existen matrimonios enamorados profundos, que logran fundir sus vidas en el amor hasta el final de sus días. Pero éstos, da la sensación que son cada vez más escasos, porque estamos viviendo tiempos en los que los seres humanos nos convertimos en protagonistas prepotentes, únicos y narcisistas extremos. De esta forma no aguantamos el reto que supone vivir enamorado de otra persona. Los seres humanos de estos tiempos son en exceso superficiales, imposibilitados de capacidades para poder amar. Desconfiados en extremo e incrédulos, inhumanos, insensibles para poder percibir mínimamente el significado de sus vidas y la de los demás... crean un mundo a su medida en gran parte robotizado basado en el placer, el exceso de importancia y el poder del dinero. ¿Somos todos así? Por suerte no, pero la gran influencia que ejercen estas formas de ser, o modas patológicas, arrastra a una inmensa cantidad de gente, sobre todo jóvenes, que creen a ciegas en un estilo de vida que se cae por sí solo al más mínimo contratiempo. Pasa el tiempo y de ellos no quedan más que recuerdos difusos, de aquella moda que pasó sin pena ni gloria, y como consecuencia de una simple mentalidad de atracciones y placeres. Como los hippies, la famosa «movida madrileña», o como en la actualidad se generan eventos que movilizan a 1.500.000 jóvenes como es la *Love Parade* (La marcha del amor) que son orgías exhibicionistas, donde el culto al cuerpo y su poder de atracción nos recuerda que el ser humano siempre acude a la mismas llamadas hedonistas. Los instintos básicos son poderosas fuerzas que nos llevan al placer momentáneo y a romper la monotonía de una vida aburrida y vacía de inquietudes y sentidos más profundos. Hay tantas formas de pensar para pasar el rato, como evasión, o porque la vida era y es incómoda y tantas veces cruel e incomprensible. Por estas causas, los más desorientados y aburridos, siempre intentaron silenciarla con alcohol y drogas, porque carecían de capacidades o inquietudes para trabajar en pos de conseguir desarrollar alguna inquietud incipiente que les movilizara a comprender que la vida es un misterio profundo e insondable y además efímera: nacemos y morimos con una velocidad vertiginosa, como todo lo que existe. Que no es una broma del destino, que es algo tan serio y verdadero como que la materia se desarrolle y viva gracias al poderoso milagro de la vida.

Por una parte la sociedad era y es terriblemente maligna e hipócrita, sobre todo en sus conceptos corruptos e insensibles de gobierno, y por otro lado, el carácter ingenuo y noble de una población que se crece y sugestiona cuando los sonidos del pensamiento de los ideólogos o las músicas mágicas contagian sus sentimentalismos y cubren sus necesidades.

Son muchas las atracciones eróticas y sugestivas las que atrapan y enajenan, sobre todo a los más jóvenes, y es ahí desde donde se hacen los futuros adultos sin capacidad para percibir la vida en toda su dimensión, terrible y grandiosa. La salud mental de estas generaciones es dudosa, así lo dicen los psicólogos, sociólogos, psiquiatras... pero siempre fue así. Siempre existió la lucha por la supervivencia, dura y cruel, y la enajenación como una consecuencia del grandísimo y monstruoso invento de la sociedad industrializada y abocada a una sociedad del bien mal llamado bienestar.

Sociedad enajenada, sociedad envenenada, sociedad débil y decadente

«Desde el punto de vista del humanismo normativo, tenemos que llegar a un concepto diferente de la salud mental; la misma persona que se considera sana en las categorías de un mundo enajenado, desde el punto de vista humanístico parece la más enferma, aunque no de una enfermedad individual, sino de un defecto socialmente moldeado. La salud mental, en el sentido humanista, se caracteriza por la capacidad de amar y para crear, por la liberación de los vínculos incestuosos con la familia y la naturaleza, por un sentido de identidad basado en el sentimiento del yo que uno tiene como sujeto y agente de sus potencias, por la captación de la realidad interior y exterior a nosotros, es decir, por el desarrollo de la objetividad y la razón. la finalidad de la vida es vivirla intensamente, nacer plenamente, estar plenamente despierto. Liberarse de las ideas de grandiosidad infantil, para adquirir el convencimiento de nuestras verdaderas aunque limitadas fuerzas; ser capaz de admitir la paradoja de que cada uno de nosotros es la cosa más importante del universo y al mismo tiempo no más importante que una mosca o una hoja de hierba. Ser capaz de amar la vida y, sin embargo, aceptar la muerte sin terror; tolerar la incertidumbre acerca de las cuestiones más importantes con que nos enfrenta la vida, y no obstante tener fe en nuestras ideas y nuestros sentimientos, en cuanto son verdaderamente nuestros. Ser capaz de estar solo, y al mismo tiempo sentirse identificado con una persona amada, con todos los hermanos de este mundo, con todo lo que vive; seguir la voz de la conciencia, esa voz que nos llama, pero no caer en el odio de sí mismo cuando la voz de la conciencia no sea suficientemente fuerte para oírla y seguirla. La persona mentalmente sana es la que vive por el amor, la razón y la fe y que respeta la vida, la suya y la de su semejante.

La persona enajenada no puede ser sana, puesto que se siente a sí misma como una cosa.

ERICH FROMM

Cada época enajena a los individuos, el poder sugestivo de unos arrastra a los otros a conducirse de una determinada forma. Esta poderosa influencia estructura la mentalidad de los seres humanos y condiciona las relaciones de pareja. Hoy parece ser que la sociedad no valora el significado natural y profundo de formar una familia; de la importancia que tiene ser madre y padre de una criatura, y todo lo que conlleva de responsabilidad ese nuevo ser que viene a la vida a desplegar todo un mundo diverso de posibilidades.

Las realidades sociales y económicas hacen de los seres humanos seres inadaptados y siempre a las órdenes de jefes y directores frustrantes. El ser humano como tal siente que es más que todo aquello que le condiciona a no ser nada. Su capacidad para amar, pensar, reír, llorar... está totalmente condicionada por aquellos que le mandan y le limitan, y tiene que aguantarse. Surgen las frustraciones. Vive en un mundo cómodo y más confortable, pero tiene que pagar mucho a cambio de todo ello. Muchos sienten que la vida es la única oportunidad que se les ha dado y no pueden desaprovecharla. Así esta sociedad enajenada da muestras de sus profundas frustraciones en la evasión continua, aunque muchos se sientan culpables por no aprovechar todo el tiempo en aprender para poner en acción su profunda creatividad encaminada a crear nuevas posibilidades para que el mundo sea un lugar más confortable y humano.

En estas sociedades del mal llamado bienestar se desconoce *la sociedad del bienser,* donde todo podría discurrir para crear un mundo más alegre, donde la enajenación no exista y el ser humano no sienta el fracaso y la humillación de ser cada día lo que no es.

Los papeles del hombre y la mujer rotos

Es cierto que las realidades sociales y económicas se están encargando de transformar y en muchos casos romper los papeles en la familia. El padre ya no es el que antes era, con todo su poder masculino de fuerza y proveedor de todas las necesidades de la familia. Y la mujer ya no es solamente la madre cuya responsabilidad máxima era cuidar a los hijos y la casa. Da la sensación que esta forma de vivir tan equilibrada y armoniosa, en muchos casos, se lleva cada vez menos, por las causas que he dicho antes: «vivir en un mundo más cómodo y confortable». Pero esta forma de vivir, en cierta medida, es superficial y una mentira que nos engatusa a todos a ser más desgraciados.

La mujer, en su despliegue de capacidades, da la sensación de arrasar y desbancar a los hombres cambiando incluso su personalidad. Ante este desarrollo, los hombres se despojan poco a poco de ese ego tradicional forjado en tantas mentiras, y poco a poco se convierten en seres afectuosos y tan vulnerables como se pensaba que era la mujer. Los hombres siempre fuimos así, pero nuestra personalidad fue influenciada por la mentalidad machista que a largo de los tiempos imperó en casi todas las partes del mundo. El hombre cambia y sus emociones se hacen transparentes, además de su raciocinio. En muchos aspectos es tan poderosamente sensible como la mujer.

La mujer se desinhibe y desarrolla su inteligencia cada vez más. Siempre fue así, pero las circunstancias y la prepotencia del hombre relegaron sus cualidades a un orden inferior. En nuestra época, ellas unen cada vez más su sensibilidad y raciocinio, en un equilibrio capaz de ponerse a la altura de las circunstancias y poner a prueba al hombre más prepotente del mundo, venciendo en multitud de casos, con verdadera fortaleza y poder. En muchos hogares mandan las mujeres y son hogares matriarcales; este cambio afecta a la personalidad de muchos hombres, que tienen que adaptarse a la nueva situación o romper. «La liberación de la mujer desafía al varón para cambiar su personalidad y estilo de vida, concretamente a liberarse de las ataduras de una imagen anticuada, dura y distante, y convertirse en un ser más afectuoso, expresivo, vulnerable y hogareño.» (Luis Rojas Marcos.)

¡Ay!, los hijos...

En los hogares, los hijos tampoco son como antes, sobre todo en lo que respecta al respeto. No hay tiempo para educar, y la televisión y el cine se encargan de desarrollar en gran parte su personalidad. Muchos son los que se dejan llevar por las influencias, en gran parte nefastas. Es indudable que los hijos condicionan a los padres y modifican con su forma de ser su conducta.

Como estamos viendo, son muchas las circunstancias que tiene que superar el matrimonio, sobre todo en la adolescencia, para no dejarse influenciar por los problemas de los hijos, e irremediablemente las desavenencias vienen al compás y como consecuencia del mundo tan complicado que se ha montado y que nos está deformando. El día en que la mayoría sea consciente del sistema tan negativo y absurdo, y lo superemos por otro mejor del *bienser,* ese día ya no habrá peligro para la ingenuidad y la ternura; ya no habrá tanta confusión y tantas rupturas... pero mientras siga este sistema insensible, todo parece que se cierne en contra del ser humano, de la pareja y la familia, e incluso los sacrificios por mantener la familia unida por el bien de los hijos, no son argumentos de peso para consolidar por más tiempo unas relaciones deterioradas. Es más bien lo contrario: la separación para evitar males mayores, sobre todo en los hijos, en edades críticas en las que suelen percibir la separación de sus padres como un alivio, aunque a menudo sientan que su vida está sufriendo un duro revés, pues el equilibrio que ellos necesitan se destruye, quedándoles la desagradable impresión de que su infancia se rompe para siempre. Después, pasado un tiempo, y si no hay contratiempos emocionales en sus progenitores (ira, odio, egoísmo, violencia...), los hijos encuentran nuevas posibilidades de estabilidad.

¿Es el matrimonio y la familia poco natural para muchos, en el presente confuso?

Hoy día, escuchando a muchos hombres y mujeres de una forma aislada o en grupo, y como desahogo, manifiestan la misma opinión: su disgusto y desencanto por estar «atados» a una persona, y la gran carga que suponen los hijos.

—¡Esto es una mentira! Si me hubieran dicho a mí que el matrimonio es así, no me caso! —exclaman muchos desencantados.

Claramente estas personas no debieron nunca formar una familia, porque carecen de estímulo y entusiasmo para superar con alegría todos los obstáculos que inevitablemente surgen a lo largo de la vida. Da la sensación de que algo profundo está cambiando y quiere manifestarse como en realidad es. Pero, ¿qué realidad es esa que poco a poco va carcomiendo a unos y a otros produciendo un aislamiento egoísta sumergido en emociones de ira, odio...? ¿Es acaso el signo de unos tiempos autodestructivos, como una identificación de un cambio profundo, hacia una nueva forma de vivir? Pero, ¿qué forma de vivir será la del futuro? No me lo imagino sin la existencia de la familia. ¿Quién o qué va ha suplir las relaciones íntimas y generosas; el apoyo mutuo, de protección y de supervivencia; las relaciones más íntimas, generosas, seguras y duraderas... que se dan en la familia? ¿Quién o qué va suplir y dar sentido a la profundas necesidades emocionales de los seres humanos desde la infancia? ¿Dónde se van a refugiar los individuos para protegerse de las agresiones del mundo circundante? Porque la familia en armonía es el centro insustituible de amor, apoyo, seguridad, comprensión, generosidad y abnegación; el lugar donde hallamos el compromiso social más firme de confianza; el pacto más resistente de protección y de apoyo mutuo... Porque la familia en armonía es el inicio de un mundo en equilibrio para impulsar el amor a la vida, emoción suprema que puede acabar con el egoísmo y el odio, con el deseo humano de destruir. Son muchas preguntas para encontrar respuestas a la locura colectiva que impera hoy día en la mayoría de las familias y en la sociedad entera.

La familia, reducto de bajas pasiones y vejaciones para la mujer y los hijos

Sin embargo, no cabe duda que a lo largo de la historia el hogar fue también el núcleo de la mezquindad y el interés, lleno de contrastes y contradicciones, donde se producían, como ahora, las más intensas y violentas pasiones humanas: hostilidades, rivalidades y los más amargos conflictos entre padres e hijos. El pasado, según datos históricos, fue peor. La agresión maligna hacia la mujer y los niños, casi siempre por parte del hombre, fue algo normal. Los más débiles siempre pagaron las consecuencias de las frustraciones del macho dominante, por la fuerza y por la importancia que adquiría al depender toda la familia de él. El máximo protagonista fue el hombre, y la mujer y su trabajo doméstico siempre fue menospreciado, careciendo de importancia. Siempre soportó, indefensa y en silencio, los abusos continuos de su compañero. Incluso la religión identificaba a un dios masculino. Estas creencias casi siempre fueron interpretadas bajo formas devaluadoras y discriminatorias hacia la mujer.

Abundan los proverbios que reflejan agudamente esta distorsión cultural de la figura femenina. Por ejemplo una frase atribuida a Buda atestiguaba que: «El cuerpo de la mujer es sucio y no puede ser depositario de la ley.» Una oración hebrea reza: «Adorado seas, señor, nuestro Dios, Rey del universo, que no me has hecho mujer.» Santo Tomás de Aquino escribió: «El hombre está por encima de la mujer, como Cristo está sobre el hombre.» Y de acuerdo con un dicho oriental: «El cielo de la mujer está a los pies del hombre.» La brutalidad contra la mujer dentro del ámbito del hogar se manifiesta más crudamente quizá en la siguiente adivinanza popular española: «¿En qué se parecen las mulas a las mujeres? En que las dos funcionan mejor después de haber recibido una buena paliza.»

Escribe Luis Rojas Marcos: «Según un reciente informe de Naciones Unidas, tanto en los países industrializados como en aquellos que se encuentran en proceso de desarrollo, para la mayoría de las mujeres la violencia empieza en el hogar, a manos de los padres, de los hermanos o de la pareja. Al contrario de lo que sucede con los hombres, más de dos terceras partes de los actos violentos perpetrados contra las mujeres son cometidos por alguien cercano a ellas. De hecho, los daños físicos que sufren estas mujeres son mucho más graves cuando el agresor es un miembro del hogar familiar que cuando se trata de un extraño. Igualmente, las mujeres tienen más probabilidades de ser violadas por alguien conocido que por un desconocido. Sin embargo, cuando son víctimas de un crimen violento y el autor es un miembro de la familia, tienden a no denunciarlo a la policía por miedo a las represalias.

»Según cifras oficiales, en Estados Unidos se denuncian diariamente unos dos mil ochocientos ataques con uso de la fuerza contra mujeres en la intimidad del hogar. También existen hombres maltratados por sus esposas o amantes, pero la proporción es mucho menor —aproximadamente un 20 % de los casos. En gran medida la agresión física de la mujer al compañero es algo que sólo ha suscitado la atención pública en las últimas décadas y, por lo general, suele producirse en respuesta a malos tratos repetidos o en casos extremos de defensa propia. En España, donde en 1993 murieron cuarenta mujeres como consecuencia de malos tratos de sus maridos o compañeros, la tendencia es similar, aunque el índice de mujeres maltratadas es menor. Según la Comisión para la investigación de malos tratos a mujeres, unas cincuenta mujeres aterrorizadas llaman cada día a las puertas de las comisarías y denuncian unos dieciocho mil casos anuales a la policía nacional. Con todo, la fiabilidad de estos datos es dudosa. La incidencia real de estos abusos es seguramente mucho más alta, pues las vicisitudes de la convivencia en el hogar están sumergidas en un mundo de tabú, de secreto y de misterio.»

Es interesante estudiar profundamente la institución familiar a lo largo del tiempo, en otros aspectos más positivos, para darnos cuenta del comportamiento humano de sacrificio continuo de la pareja, por mejorar incluso después de la ruptura. Este es el aspecto más importante para identificar nuestra realidad humana, cargada de complejidades.

CAPÍTULO II

EDUCACIÓN
EN LA RESPONSABILIDAD
DE LA PAREJA ROTA

«Es muy complejo trazar el perfil de una personalidad madura. El proceso de madurez se emplea en muchos terrenos. Hablamos de la madurez de los frutos del campo cuando se pueden recolectar; en biología utilizamos también esta voz para indicar que se ha alcanzado el desarrollo más completo de un organismo, y en biología humana, para señalar que un sujeto está formado, es corporalmente adulto, ha crecido según las leyes propias de la naturaleza.

El término madurez se encuentra en todas las lenguas, lo que indica su carácter universal. Es un estado de plenitud al que se llega tras un proceso de crecimiento paulatino, secuencial, acumulativo. Pero hay grados de madurez, algo importante para entender todo lo que a continuación expondré.

41

La madurez de la personalidad no puede entenderse nunca como un destino definitivo, como una residencia donde uno llega para instalarse y permanecer allí. Debe verse de un modo bien distinto. Para comprenderlo podríamos recurrir al uso del denominado "presente continuo" que se está llevando acabo en ese momento, que está sucediendo mientras se expresa. Algo parecido ocurre con la madurez: nos estamos haciendo continuamente. La madurez es siempre un proyecto mejorable, un proceso paulatino de organización e independencia. De ahí que tengamos que hablar de grados de madurez de la personalidad. El concepto se vuelve más abstracto y difuso, menos encasillable; no obstante, pretendiendo ser didáctico, trataré de mencionar los puntos esenciales en una personalidad bien estructurada.

Como hemos dicho, no se puede hablar de madurez de la personalidad como de un concepto estático, de instalación, puesto que es esencialmente dinámica, está en permanente movimiento, sometida a mareas, vientos y oleajes de distinto signo y procedencia, La más de las veces inesperados. Tenemos que abogar por una postura distinta, más realista, que se ajuste a los hechos de la conducta humana. la madurez es un concepto líquido, casi gaseoso; pocas veces es algo sólido y tangible, que se toca, tiene cuerpo y pesa.

Podemos ver la personalidad como aquella entidad en la que se agrupan elementos físicos, psicológicos, sociales y culturales de un individuo que consolida una unidad personal que manifiesta algo concreto que debe ser interpretado y que retrata a quien muestra esa conducta favorable.

La responsabilidad personal es fundamental. Una persona es responsable cuando responde con hechos a ciertas obligaciones contraídas. Platón decía que "cada uno es la causa de su propia elección", y Cervantes, por boca de Don Quijote, que "cada uno es hijo de sus obras".

Por otra parte, la voluntad y la libertad se engarzan cuando respondemos de nuestros propios actos. Si la voluntad está templada en una lucha constante, se puede esperar lo mejor; pero si ésta se adormece y se torna frágil, la conducta se desliza hacia abajo y los propósitos se desdibujan.

La responsabilidad se adquiere con el desarrollo armónico de uno mismo, la fidelidad hacia los compromisos...»

ENRIQUE ROJAS

La separación y el divorcio parece ser que son inevitables. Ante este fenómeno debemos autoeducarnos para el bien de los hijos, frágiles criaturas que sufrirán las consecuencias de nuestras desavenencias, pero que al final resultará un alivio, como he dicho en el capítulo anterior. Si la ruptura libera a los padres de problemas y continuas preocupaciones, los hijos también gozarán de estos beneficios. Es por el beneficio de los hijos, y el nuestro propio, la causa por la cual debemos luchar una vez separados. Bueno, me fijo en los hijos porque quiero dejar bien claro que debemos hacerles sufrir lo menos posible, sobre todo cuando son pequeños, y ellos no tienen culpa alguna de las desavenencias de los padres. El beneficio es para todos, porque todos los miembros de la familia están muy dentro unos de otros. La convivencia y los lazos emocionales no se rompen así como así, y si los sentimientos se reconducen hacia la nobleza y la amistad, volverá con fuerzas a constituirse como un factor muy importante. Entonces tendremos que pensar en aprender a ser buenos amigos. Aquellos enemigos íntimos, una vez separados, deben hacer el esfuerzo de aprender a llevarse bien, pues es la única forma de entendimiento posible para evitar los resentimientos y la violencia, que tanto mal están haciendo hoy día en aquellos matrimonios y parejas que sufren tensiones insuperables, provocadas por las crisis.

La intensidad de la violencia que se infringen muchas parejas, tanto psicológica como físicamente, deja huellas profundas, no cabe duda, y en muchos casos es difícil la amistad después de la ruptura. La confusión y la soledad se cierne, en la mayoría de los casos, para ambos, y aunque la construcción de una nueva vida sea al principio un gran obstáculo, sin embargo, hombres y mujeres despliegan sus capacidades y avanzan hacia un nuevo concepto de ellos mismos. En definitiva, de lo que se trata es de superar una etapa de la vida para comenzar otra, pero sin olvidar a los que fueron un día nuestros seres más queridos.

Tal vez los prejuicios no puedan erradicarse del todo, pero sí podemos tener control sobre las acciones negativas de éstos. El menosprecio y el insulto deben ser erradicados, pues la construcción del respeto será la base en la que se asiente la nueva dinámica de la pareja rota.

Ya sabemos que en la intimidad de nuestra familia ocurrieron hechos lamentables. Todo pertenece ya al pasado, pero sin embargo en nuestro interior existen huellas imborrables, pero no insalvables, si cada uno pone de su parte un interés especial para aprender a comportarse en la búsqueda de la auténtica amistad, y por el bien de los hijos y la familia en general. Porque en realidad, la familia no son dos y los hijos, sino todas aquellas personas con las que convivimos con auténtica y sincera relación afectiva. (suegros, cuñadas, cuñados, sobrinos...) De nuestra amistad podremos reconducir la vida de nuestros hijos y todos los seres queridos, aunque no debemos olvidar que cuando se rompe una relación con ella caen también muchas otras relaciones, sobre todo, aquellas de índole superficial e hipócrita. Los seres humanos que viven la autenticidad mutua del ser, mantienen vivos en su mente y en su corazón los recuerdos, y si éstos son gratos, serán imborrables y con ellos la relación de amistad se mantendrá inquebrantable durante toda la vida.

Los prejuicios, el arrepentimiento y el perdón para empezar a ser *buenos*

¿Qué es un prejuicio? Es prejuzgar. Juzgar las cosas antes de tener de ellas un conocimiento preciso. Y desde luego muchos conflictos ocurren por nuestras limitaciones y el continuo rumiar de ideas, fantasías y demás intenciones internas que son erróneas apreciaciones. Los prejuicios se escuchan y transmiten un poderoso mensaje sugestivo y negativo. Los seres humanos somos así, limitados, porque sólo recibimos aquello que la capacidad de nuestros sentidos nos transfieren; por este motivo tenemos que hacernos ideas subjetivas de todo, pero ese todo no es la verdad objetiva.

Después de la separación, para unos más que para otros, les costará superar todos los inconvenientes, porque las impresiones negativas de la convivencia pasada tienen consecuencias muy reales en la vida personal, sobre todo cuando los sentimientos han sido profundamente heridos. Pero aun así, debemos desarrollar habilidades para comunicar claramente y sin miedo nuestras verdaderas intenciones de superación. Estando dispuestos a olvidar, y perdonar, nos encontramos de nuevo en un espacio brillante de humanidad, porque no hay nada más penoso para la persona arrepentida de sus errores que no hallar perdón. Arrepentimiento y perdón son actitudes y claves fundamentales para entrar en una dimensión de luz. En ese estado sincero los prejuicios dejan de existir, porque empezamos a confiar de nuevo el uno en el otro, y de ahí surgirá claramente una amistad fuerte, de modo que volvamos a recuperar todo el tiempo que en verdad no ha sido tiempo perdido, pues además de los contratiempos y las asperezas emocionales, encontraremos multitud de momentos llenos de encanto y alegría, en todos aquellos momentos en los que el amor fluía de verdad en nuestras vidas. Esos recuerdos son imborrables y forman ya una parte muy importante de nuestra evolución. Al tomar conciencia de estos aspectos y del significado de nuestros hijos, empezamos a ser lo que llamamos con simplicidad, *buenos,* y esta forma de ser es el camino para superar malentendidos, desarrollar la empatía y una nueva tolerancia, al manifestar claramente nuestras verdaderas intenciones aunque sea en contra de algún motivo. De esta forma el acoso y la intolerancia serán erradicadas en la pareja separada.

¡Qué bien!, y qué respiro supone para todos esta actitud sincera, cuando trabajamos hacia un objetivo común. ¡Qué bien!, cuando las relaciones interpersonales entran en una fase de armonía, el bien más preciado en todos los ámbitos en los que viven los seres humanos.

La imparable evolución del ser humano tiende a madurar todos los aspectos de su vida y a sacar frutos de los aparentes fracasos. ¿Nos hemos preguntado alguna vez si nuestro mal llamado fracaso es un éxito? ¿No es verdad que de los fracasos es de donde podemos sacar conclusiones positivas para crecer por dentro y aprender lecciones que todavía no habíamos aprendido? Las lecciones aprendidas desarrollan nuestras capacidades y los fracasos son lecciones de la vida que aún tenemos que aprender. Si te echan del trabajo, si se rompe tu matrimonio, si te pegas con tus hijos, con la gente... ¿es porque lo sabes todo o porque tienes mucho que aprender? Lo inevitable surge a menudo por nuestras conductas; no cabe duda que hay innumerables circunstancias inevitables que tenemos que aceptar, pero nuestras decisiones y actitudes son, en la mayoría de los casos, las causas de nuestros éxitos y fracasos.

Cuando somos capaces de sentir la angustia de nuestros hijos ante nuestra posible separación y se nos parte el corazón de tristeza por el daño que podamos infringirles, es cuando estamos abiertos a crecer por dentro plenamente para hacerles el menor daño posible.

La pareja se separan irremediablemente, pero la vida sigue, no acaba ahí, y desde ese momento tiene que ser un punto de partida para el cambio.

«El que comete una falta, contra sí mismo la comete. El que comete injusticia se hace mal a sí mismo, haciéndose él mismo malo.

Muchas veces comete injusticia el que no hace nada, no sólo el que hace algo.»

Marco Aurelio

Un equilibrio difícil

El matrimonio es una palabra que une para compartirlo todo. Para convivir en lo bueno y en lo malo. Cuando se rompe el matrimonio, la pareja piensa con ira y resentimiento que hay que romperlo todo y que cada uno se lleve lo suyo y... Santas Pascuas. Parece ser lo más racional, y de hecho vemos casos sorprendentes en los que no se tiene consideración por los hijos, y se los reparten ... y porque no los pueden partir por la mitad, sino también lo harían, llevándose un trozo cada uno. Esto es lo más racional para innumerables parejas sometidas a la irracionalidad de sus bajas pasiones.

Cuando se rompe, muchas personas tienen que sentirse, como una norma tradicional, extrañas para la otra persona. La normalidad es así. Por el hecho de dejar de ser lo que ya no es, se pone por medio un abismo de incomunicación. Muchas parejas se hacen herméticas, incapaces de comunicar lo que sienten. Y si sienten bien, no lo dicen, dejándose llevar por los sentimientos de incomunicación en los que uno vuelve de nuevo a la realidad solitaria, que es en definitiva la única verdad que existe. Somos seres solitarios, desde que nacemos hasta que morimos, y en esas condiciones reafirmamos nuestra mismidad aislada. Pero el proceso de separación es como ocultar nuestro interior para ser extraños como lo somos para las demás personas. Muchos hombres y mujeres oscurecen sus sentimientos, porque piensan que lo natural es eso: la distancia, la extrañeza... Ya no puede haber intimidad ni siquiera para compartir los problemas. La pareja se rompe y es como entrar en un proceso de enemistad perpetua, donde el odio y el egoísmo son los nuevos inquilinos bestiales de nuestra vida. Pero aquellos que somos conscientes de que esta forma de vivir significa sufrimiento para nuestra familia y para nosotros mismos; que es mejor pasarse al otro lado y luchar por conquistar una buena armonía; que existen muchos estados y formas de vivir que no son de pura violencia; que las buenas relaciones van a permitir un buen desarrollo en nuestro hijos y una calidad de vida diferente... convencidos de todo esto, reconocemos que es fundamental una buena relación como ex pareja.

Reflexionando profundamente, vemos que estos aspectos nos llevan a entender lo difícil que resulta esta actitud para llevarla a la acción, pero merece la pena, antes que caer en la degeneración que significa aborrecer a los que fueron nuestros íntimos seres queridos. Si fueron queridos, tenemos que seguir queriéndolos, porque merece la pena estar en la dimensión del reconocimiento del amor como única salida al circulo envenenado del odio. No cabe duda que los primeros años de separación significan un reto. Superar la crisis definitivamente para los adultos y los niños es en verdad difícil, pero si las intenciones de fondo van encaminadas a hacer el bien y conseguir una nueva forma de vivir, todo esfuerzo merece la pena, porque detrás de esa nobleza se producirán pequeños milagros de convivencia que dan sentido armónico a la existencia. Estas crisis son episodios negativos, pero que nos están indicando una elección, una decisión de fondo, un cambio de rumbo que en definitiva nos conducirá a una transformación, y esta será buena si nuestros pensamientos y sentimientos son auténticos, llenos de buenas intenciones. Una crisis, como es la separación, no tiene por qué tener repercusiones negativas; sólo hay que vivir en continua actitud de construcción sobre valores que sentimos como materiales resistentes, nacidos de un interés especial por hacer de la vida un cielo para los demás y para nosotros mismos.

CAPÍTULO III

LA ANGUSTIOSA ESPERA DEL NIÑO

Ante la ruptura

«¿Cómo podría el niño no experimentar una sensación de amenaza sobre su propia estabilidad, sobre su dinamismo, en un hogar donde el padre y la madre viven en permanente desacuerdo? Muchos de estos niños, angustiados, preguntan a sus padres: «¿Os vais a divorciar?» Querrían saber si realmente los padres se van a divorciar o si seguirán viviendo en perpetua discordia. Los niños también son seres lógicos. Por tanto los padres deberían explicarles la diferencia entre los compromisos recíprocos del marido y la mujer y los de los padres frente a los hijos, Un desacuerdo, una separación o un divorcio no exime del compromiso adquirido respecto del cuidado de los hijos. El divorcio legaliza el estado de discordia y desemboca en una liberación del clima de disputa y en un estatuto diferente para los hijos. Al principio, el divorcio es para ellos todo un misterio, pero no debería seguir siéndolo; en efecto, se trata de una situación legal que también para los hijos aporta una solución.

De la misma forma, sería importantísimo que los hijos supieran que la justicia ha reconocido como válido el divorcio de sus padres; que desde ahora éstos tienen otros derechos, pero que, liberados de la fidelidad al otro y de las obligaciones de vivir bajo el mismo techo, no se les exime de sus deberes de «paternidad», deberes cuyas modalidades el juez ha estipulado.

Un divorcio es tan honorable como un matrimonio. De lo contrario, todo el silencio que se produce alrededor lo convierte para los niños en una «cochinada» y ello con el pretexto de que el acontecimiento estuvo acompañado de sufrimiento.

Ambos padres deben humanizar su separación, explicarla con palabras y no guardársela para sí mismos en forma de una angustia inexplicable, que sólo se manifestaría en estados de ánimo, depresiones o conatos de excitación que el niño siente como un debilitamiento de la seguridad de sus padres. Es importante que asuman realmente la responsabilidad de su separación y que se pueda efectuar un trabajo preparatorio. Hay quienes no necesitan de un tercero, pero son pocos. En las situaciones pasionales, si no hay un tercero no se puede dialogar. Por eso sería deseable que, antes de presentar su demanda de divorcio, los cónyuges tuvieran la posibilidad de expresar en presencia de un tercero las razones por las que no ven otra salida que la separación, y esto en nombre de su sentido de responsabilidad y no por reproches pasionales superficiales. Hablar en presencia de un tercero moviliza afectos y pulsiones que permiten forzosamente un trabajo en el plano de lo inconsciente. Expresar sus discrepancias ante un tercero ayudaría a los esposos a reconocer lo insatisfactorio de su relación interpersonal, a confesar su fracaso y a madurar su decisión. Es entonces cuando podrán anunciar a sus hijos que el desacuerdo es realmente muy serio y no tiene solución. En tal momento, los hijos deberán soportar el trance junto a sus padres.

Françoise Dolto

David es un niño de once años que vive la inestabilidad de sus padres con profunda angustia. Es muy sensible, de esos niños que ya se han acostumbrado a analizar la vida para poder conquistarla día a día. Es una actitud temprana como una defensa para desarrollar el entendimiento de un futuro adulto profundamente pensador. Piensa mucho, sufre y llora, al no tener capacidad para poder calar y percibir con claridad las cosas que pasan en la vida. Sufre, porque como todo ser humano se acostumbra a la estabilidad, y es que para poder crecer sin alteraciones, los niños necesitan algo que dé un sentido profundo a su existencia: *mucho amor.* No sabe todavía que cada vivencia le marcará, dejando rasgos característicos en su futura personalidad. Huellas con las que tendrá que vivir toda la vida, aunque le pese.

¡Qué sagrados son los niños!, y sin embargo con qué trivialidad los vemos y ni siquiera los sentimos. ¡Cuántos padres permanecen dormidos ante estos pequeños, que en gran medida dependen de ellos! ¡Qué gran responsabilidad conlleva traer al mundo hijos, pues del modo como les tratemos, así crecerán sanos, inteligentes, bondadosos... o por el contrario, seres enfermizos, débiles... porque no pueden con tanta negatividad vertida en sus mundos; que impregna sus neuronas, sus células y su alma. ¡Cuántos monstruos se crean en las familias sin vocación, donde la agresividad, el odio, el egoísmo... son las manifestaciones más normales de cada día! No hay paz en los hogares de las discordias. Son reinos

divididos, adulterados por las bajas emociones, donde el respeto no existe; así, en este caos, habitualmente nos encontramos madres que aman con profunda autenticidad. Seres abnegados al servicio de sus hijos. Muchas cometieron el error de atar su vida a hombres dispersos centrados únicamente en sus propios intereses. Caballeros dispuestos a hacer el bien al mundo entero para su propia gloria. Como *El caballero de la armadura oxidada,* de Robert Fischer, que de tantas cruzadas y ganar dinero y triunfos, olvidó a su familia y no podía quitarse ya su armadura, porque formaba parte de su propio cuerpo. Desayunaba, comía y cenaba con ella, y llegó el momento en que era imposible deshacerse de tamaño armatoste. Su mujer y su hijo querían ver su rostro, pero tenían que conformarse con ver solamente el yelmo. Intentó muchas veces quitarselo, pero le fue del todo imposible. Este hombre ya no era un ser humano, tan sólo un cuerpo envuelto en una coraza insensible que se autoengañaba continuamente proclamando lo bueno y valiente que se sentía. En su trabajo, el único. Nadie le superaba. Mandaba sobre seiscientos hombres a la perfección y era el proveedor de todo lo que necesitaba su familia. «¡Para qué necesitaban más si tenían lo más importante: *dinero*!», pero se equivocaba. En la vida no sólo el dinero es importante, porque *todo es importante,* y se olvidaba con facilidad llenar de atención y de amor a su hijo y a su mujer. Se había quedado sin sensibilidad para sentir. Funcionaba tan sólo con un yo-idea, con el que imaginaba que los quería, pero lo cierto es que eran sólo imaginaciones suyas para autoconvencerse de lo bueno e insustituible que era incluso en su hogar. Y la verdad es que tan sólo se podía contemplar a un hombre deformado por la deshumanización, y como consecuencia, su mujer se había dado a la bebida como evasión a tanto sufrimiento. Y su hijo sufría, en un hogar donde sólo reinaban la prepotencia, las críticas dañinas, la ira, los resentimientos... donde la paz del hogar estaba alterada por las continuas disputas. Cuando la pareja llega a estas circunstancias, hay que ver de cerca la dureza de corazón que trae consigo la insensibilidad y las posibles consecuencias desastrosas que se deriven a corto o largo plazo de esas actitudes. El caballero de la armadura oxidada, y como una excepción, se dio cuenta a tiempo de que algo no funcionaba bien, y se topó de narices con una profunda crisis. Su mujer le echaba broncas y él a ella, y su hijo dejó de quererle como antes. Tenía un enorme problema: su insensible armadura. ¿Cómo quitarse aquel armatoste? Tenía que recurrir a alguien que le ayudara. *Necesitaba un maestro de la sensibilidad, del amor, de la paz interior... pero, ¿quién...?*

David, hijo de la inestabilidad

David podría ser el hijo de esta pareja deformada. Vivía en medio del caos emocional que generan dos seres discordantes y en constante desacuerdo. Un día, al verle triste, le propuse jugar una partida de ajedrez para que olvidara por un rato sus problemas, pero con la intención de saber cómo pensaba y ayudarle. Me ganó la partida, dándome jaque con la torre y la reina. Eso le servía de estímulo para seguir aprendiendo. La verdad es que cada vez me costaba más ganarle.

—El caballo lo sabes manejar muy bien, pero si te lo quitan... y la torre también. ¿Sabes? Yo creo que el caballo es tu punto débil, pero si tienes un descuido, por tratar de salvarlo ya no puedes. Porque yo también tengo mi punto débil.

—¿Cuál es?

—Mi punto débil, ¿sabes cuál es...? Que me quiten la reina. Ya... aunque tenga torres; aunque tenga caballos; aunque tenga peones; aunque tenga el rey... aunque tenga todo, ya... si me quitan la reina estoy perdido. La partida ya la pierdo, ¿sabes?

—¿Por qué?

—Porque la reina es la base y la que me permite hacer jugadas perfectas para poder «machacarte». Sin embargo, con la torre tardo más en hacer las jugadas. La reina tiene todas las posibilidades: es un alfil, un caballo, es un peón... es todo ¿sabes? O sea, si tú me quitas la reina ya te puedes dar por convencido que has ganado la partida. Y si yo gano la partida va a ser de «potra»

—¿De potra?

—De «potra», o que me has dejado —David razonaba limpiamente, dejando escapar con sus palabras todo lo que pensaba. Transparente y espontáneo, sus pensamientos y sentimientos me llegaban con fidelidad. Es lo bueno que tienen los niños, que son como son, no esconden nada y si se sienten amados, se ve su alma radiante de alegría o apesadumbrada.

—Bueno, ¿hablamos un poco de lo que pasa con papá y con mamá?

—Bueno, me da igual.

—¿Qué tal tus padres?

—¿Recogemos esto primero? —deseaba que hablásemos, pero se resistía a entrar en un tema tan delicado, como si tuviera que ordenase por dentro las ideas, prefirió que recogiéramos todas las fichas del ajedrez.

—Ayúdame, anda. Tumba todas las fichas y échalas en la caja a puñados. Así... ¡pumba! ¿Cuántas fichas te he comido?

—No sé.

—Yo a ti unas ocho o así. ¡No está mal! Lo que sí te digo es que en el primer momento has estado muy bien. ¡Genial! Mejor que yo. Porque te he visto que... cada jugada que me, hacías estabas muy concentrado... pero, macho tienes que asumir la derrota. Je, je, je. Te he ganado.

—Bueno, bueno. Ya veremos en la próxima partida quién gana a quién, —David se reía satisfecho, pero no olvidaba fácilmente sus preocupaciones.

—¿Qué sientes cuando tus padres se pelean?

—Se enfadan... porque mis padres nunca se pelean con las manos. Zaca, zaca... No, no, mis padres se dan voces, se critican, pero nunca les he visto darse una zurra con las manos.

—¿Qué sientes?

—Bueno... pues es muy molesto. Cuando hay muchos gritos es molesto. A mí no me gusta, desde luego, porque se sufre mucho y se llora.

—¿Tú lloras?

—El año pasado.

—¿Qué pasó?

—Las discusiones. No sé lo que pasó, pero me puse muy nervioso. No sé quién empezó, si mi padre o mi madre, pero hubo una discusión insoportable y todos acabamos llorando. Yo, para calmarme... le pedía a mi madre que me dejase jugar con el ordenador. Y ella me dejó jugar con un juego que tengo en casa, que no es de guerra, ni de pelea... ni nada de eso. Es un juego de descubrir cosas que me dejó mi primo. Y bueno, aquel día, la verdad es que lloré mucho. Era Navidad, cuando estaba de vacaciones... y lloré mucho.

—Pero... ¿por qué discutían tu padre y tus padres?

—No sé. Es que ahora no me acuerdo.

—A ti eso te hace daño.

—Me da un choque.

—Es un choque brusco para ti.

—No. A ver... Si te parece. Eso me da mucho choque.

—Y ahora, ¿las últimas discusiones te siguen chocando?

—Ahora me lo tomo de otra manera, porque lo que intento hacer es olvidarme. Me distraigo con revistas, con la tele, con juegos, con la radio... ¿sabes?

—Pero así no te enfrentas con el problema.

—Pero qué voy hacer yo, si lo tienen que resolver ellos —su respuesta fue directa. ¿Qué iba hacer él? Nada, sólo sufrir las influencias negativas de sus padres. Amaba a sus padres, pero no podía hacer nada. El amor de un niño sólo tiene poder cuando sus progenitores lo reconocen y sienten su influencia, pero cuando las crisis atenazan, la ceguera es su más directa aliada. En esas condiciones, no sienten la presencia del niño en toda su dimensión.

—¿No poder hacer nada te angustia?

—Sí. Me angustia y me duele. Porque no soy nada. Lo tienen que resolver ellos porque son los que se están peleando. Yo, afortunadamente, no estoy metido en el asunto. Vamos, que no tengo la culpa de sus regañinas. Muchas veces no quiero saber nada de esto, no quiero saber nada. Yo pensaba que desde la última vez ya no iban a regañar más, pero al parecer no, mi padre es un terco. Hubo un día que fuimos mi madre y yo en el metro para recoger a mi padre que venía de Barcelona, en el mes de noviembre, y estuvimos esperando, y pasó mi padre. Estaba en el tren. Salió y creo que llegaba a las seis y media. Estuvimos leyendo unas revistas; yo me había comprado unas «chuches» y resulta que llegó, no nos vio y se fue. Nosotros estábamos sentados en un banco y esperamos hasta la siete y cuarto. En tal caso mi madre, que es muy... cómo se dice... es muy... que sabe lo que va a pasar, bueno que es muy «premonitiva», y pensó que mi padre se había largado y que nos había dejado allí. Fue a preguntar a uno de los «maquinarias»... un «maquinista» de estos que hay en las estaciones, un trabajador y le dijo que a las siete y cuarto venía otro tren de Barcelona... no sé qué de la ocho... o la tres o la cuatro. Y a las siete y cuarto vimos pasar a toda la gente y tampoco. Llamamos a casa a ver si había llegado, y otra vez para saber si había llegado también. En la segunda llamada dijo que ya había llegado, y que había llamado, y que se había imaginado que le habíamos ido a buscar. Bueno, pues mi madre se cogió un cabreo... No fuimos al tren, y nos montamos en un tren de dos pisos, y allí, bueno, nos estuvimos distrayendo, le daba besos para que se le pasara. No hablábamos cosas... y, bueno, cuando llegamos ya a casa, vimos allí a mi padre esperándonos, y cuando llegamos, bueno, se echaron una bronca. Todo lo que le dije a mi madre no sirvió para nada. Ni todos los besos que le di tampoco sirvieron para nada. Se echaron una bronca que las voces se oían en Valladolid. Bueno... y yo escuchándolos. Allí pegado sin poder hacer nada. Mira que se lo dije a mi madre, que no regañara, pues no sirvió para nada. Y bueno... se sufre mucho. Yo por lo menos sufro bastante otros niños no sé como serán, pero yo sufro, porque no lo puedo evitar.

—¿Cuándo sufres más?

—Cuando dicen que se separan. Es que como soy todavía tan pequeño, pues... creo que se sufre más. Porque cuando eres mayor ya... ya sabes afrontarlo. Te lo tomas de otra manera.

—Claro. Con veinte o veintiún años es otra cosa.

—Eso. Ellos se lo toman de otra manera. Pero nosotros los «enanetes» *somos los que sufrimos*.

Le cambiaba el rostro al pronunciar esta frase: «somos los que sufrimos». ¡Qué razón tenía...! Me vino un recuerdo de cuando tenía su misma edad. Yo fui también un gran sufridor cuando veía discutir a mis padres. ¡Cuánto sufrimiento se pasa viendo que siempre es igual! Parecen interminables las disputas... y que... parece no haber solución. No cabe duda que este sufrimiento marca la personalidad para toda la vida; a mí me marcó y siempre deseé, como David, hacerme mayor. No vivía el presente, lo odiaba; sólo quería cumplir años porque así todos mis sufrimientos desaparecerían. Mi proyección mental y mi liberación estaban en el futuro. No se disfruta el presente, porque es angustiante y lleno de inestabilidad. Si a todas estas disputas se en añaden las necesidades económicas, todo se convierte en una mezcla que sólo te incita a morir, porque te encuentras muy triste, o a ser una especie de supermán para liberar a los padres de sus disputas y sufrimientos.

—Pero... ¿no es mucho mejor la separación?

—¡Hombre...! Mi madre dice que para que se lleven mal, y para que estén amargados toda la vida... para eso prefiere estar cada uno por su parte. ¿Sabes? Para que estén amargados toda su vida y todas esas cosas...

—Si se separan, ¿tú eso lo verías bien?, porque las discusiones y todo lo demás se terminarían. ¿No?

—Si las discusiones se acaban, eso yo lo veo bien, pero... en una pareja si se quiere mucho no puede haber discusiones dañinas. Porque si se casan es por algo, pues porque se demuestran respeto, y se quieren, y se aman y todas las cosas que hay para que no discutan. Eh... tampoco lo que yo no entiendo, lo que no entiendo es porque... en un libro y que, buena pregunta... para mi es muy buena pregunta... en un libro que se titula: *El niño que quería ser Tin-Tin*. Es un personaje de cómic que me encanta a mí, siempre me ha encantado mucho. Desde pequeño me encantaba. Y veo una pregunta. Y veo a dos padres que están siempre echándose la bronca y utilizan a su hijo como excusa.

—Eso te llamó a ti la atención, ¿no?

—Sí. Me llamó la atención. Utilizaban a su hijo como excusa. En este caso que me lo he leído cinco veces ya. Porque me gusta mucho. Y veo que se pregunta el chico, y se pregunta... No comprendo nada... ¿por qué los mayores se casan, tienen una casa, tienen hijos... para que luego se separen? ¿Sabes? Para esto es preferible no tener hijos, ni casa, ni nada... ¿Sabes? Que no se hubiesen casado. Para tener esos problemas... ¿Sabes? Para mí es muy buena pregunta.

David se expresaba con una cierta tristeza, como si en su cabeza aparecieran de improviso sus padres, motivo de su sufrimiento. Aquella pregunta iba directamente al corazón de la responsabilidad de las parejas que deciden unir sus vidas. Oyendo a David escuchaba a todos los niños no nacidos pidiendo a gritos vocación por la familia, amor y responsabilidad. ¿Por qué se unen y se casan las parejas si luego van a transmitir sufrimiento, infelicidad a sus hijos? ¿Por qué son así las cosas? ¿Por qué no pueden ser de otra forma si somos conscientes del daño? Y los seres humanos seguimos uniendonos y divorciándonos, porque cada vez nos soportamos menos. Oyendo a David me venía de nuevo mi pasado y sentía aquellos momentos desgarrar de nuevo mis sentimientos. Mis padres se querían, pero la angustiante vida de necesidades los alteraba mucho. Yo también me hice muchas veces la misma pregunta. A lo largo del tiempo me di cuenta de tantas incompatibilidades que existen entre el hombre y la mujer, y que solo un fuerte amor, puede salvarlos de todas las vicisitudes de la vida.

—¡Hombre, es lógico que se tengan discusiones como en una pareja. Es que si no hay discusiones en una pareja, eso es algo «paranormal», ¿no? A mí lo que me hace sufrir son las discusiones fuertes, ¿sabes?, que son las que dicen que va a ser de verdad. Es el sentido que tiene la pregunta: ¿Por qué los mayores se casan? Todos los novios tienen discusiones, toda la gente discute... pero discutir continuamente y tan fuerte eso no es en absoluto normal. Que no es «paranormal», que no, no... así es mejor que se separen. Pero si tiene un hijo, o dos hijos, compran una casa, compran de todo... ¿no?, y después de un tiempo se quieren separar por que no se soportan, ¿sabes? Pues para eso hubiese preferido que no se hubiesen casado, no hubiesen tenido hijos... y ya está, ¿no?

David hablaba convencido de lo que decía y con una cierta rabia y disconformidad de fondo, como sintiendo mucho que sus padres no hubieran pensado las cosas más en serio antes de dar ese paso tan decisivo y de tanta responsabilidad. Entendía perfectamente su crítica, por la forma tan ciega e insegura con que muchos seres humanos se dejan llevar hacia la convivencia mutua. Muchas son las parejas que sólo sienten amor erótico: la forma de amor más engañosa que existe, y al final de una temporada se hartan de sexo, porque en el fondo la atracción física sin verdadero amor fracasa. Otros se casan «a lo tonto» y sin saber en el fondo por qué dan ese paso. Después tienen hijos, como atraídos por una fuerza ciega de supervivencia de la especie, sin dar valor ni apreciar lo más mínimo el significado de ese pequeño ser que nace. Ni siquiera tienen imaginación para ver que esa personita crece, se desarrolla y un día si no van bien las cosas les pueden dar una patada en el culo y mandarlos a la mierda, para que espabilen. No saben nada de las causas y los efectos, que quien hace mal las cosas en la familia, tarde o temprano tendrá su merecido. David, con once años, razonaba de una forma admirable, porque en el fondo se sentía muy mal y su vida era una continua zozobra por culpa de sus padres. Su futuro estaba amenazado, y sin dudarlo, inconscientemente defendía un modelo familiar de profundas convicciones, dispuesto al sacrificio y la entrega por amor. Sacrificio y entrega son palabras que suenan mal a los oídos cómodos y superficiales de nuestros días. Pero no tenemos más remedio que convencernos de que las parejas que forman una familia tienen que sentir la enorme responsabilidad que contraen para con ellos mismo y con sus hijos.

—Pero que bueno, si es que... por eso que el... el año de novios, ante de casarse, pues tienen que comprobar si son del mismo gusto... lo tienen que comprobar, porque el novio y la novia dan un paso muy serio, ¿sabes? Tan serio que luego todo salga bien, porque a ver, si no se ponen serios y están de risa, haciendo el tonto, pues lo único que les va a salir es una tontuna... ¿o no? Y luego los que sufrimos somos nosotros.

—Cuando se juntan un hombre y una mujer para formar una familia tienen que ser muy responsables, ¿verdad?

—Sí

—¡Pero muy responsables!

—Sí, sí. Hay un caso que me han contado en el colegio. Resulta que esto es un chaval que tiene una novia y deciden casarse. Compran una casa, tienen un hijo o dos hijos, no me acuerdo muy bien, y después de todo eso, pues él no es muy responsable, se va de juergas y la deja a ella sola; se emborracha; viene a las tantas; no se hace cargo de su hijo... ¿sabes...? que todo lo tiene que pasar la madre. Pues para eso... mejor que se hubiera metido a golfo, pero solo, así no hubiera hecho sufrir a nadie.

—Lo que pasa, David, es que hay mucho irresponsable. La responsabilidad es una capacidad que se adquiere y desarrolla con el conocimiento del bien y del mal. Si tú sabes cuándo haces mal a los demás y no te gusta que te hagan eso mismo, empiezas a desarrollar esa capacidad. Si tú amas, nunca se te ocurrirá hacer mal. Lo que pasa es que existen muchísimas circunstancias que afectan a los seres humanos y los deshumanizan. Por eso es necesario estar siempre atentos, para saber lo que sentimos y no dar ningún paso en falso si con ello vamos perjudicar a los demás. El egoísmo y la comodidad son muy malos para los demás. Cuando nos volvemos egoístas, nos olvidamos de todos, y somos nosotros y nuestras apetencias lo más importante. Eso no está bien, si con nuestros comportamientos hacemos sufrir a nuestros semejantes. Porque por encima de todo está la armonía y la alegría que podamos crear con nuestra forma de ser para bien de todos los que nos rodean. Si la mujer y el hombre que se unen para formar una familia saben lo importante que son el uno para el otro, y para sus hijos, procurarán siempre esforzarse en ser mejores. De esta forma de ser dependerá el desarrollo de la alegría y el amor, el tesoro más grande de nuestra existencia. La emoción con la que podemos alcanzar ese cachito de felicidad a la que todos tenemos derecho.

—¿Y si un padre dice que todo el dinero que gana es suyo?

La pregunta de David tenía un fondo de preocupación porque su mejor amigo estaba sufriendo las consecuencias de tener un padre poco fiable, de esos que no valoran todas las responsabilidades de la mujer en la casa y con sus hijos. Ese tipo de hombre ciego que sólo adquiere el valor más importante por el hecho de ganar dinero. Como si el trabajo de la casa y criar a los hijos no tuviera la menor importancia. A su pregunta, le contesté con otra pregunta.

—¿Tú crees que es su dinero?

—No. Es el dinero de toda su familia. Es el dinero que él saca y que es de su familia, para eso ha formado la familia, ¿no?

—¿Pero si el dice que es su dinero? ¿Como convences a ese padre que está equivocado?

—Si es muy terco, imposible de convencer. Yo le diría que tiene una familia, que tiene que alimentarla, y muchos gastos de luz, teléfono...

—Pero todo eso lo paga con su dinero.

—Pero es que ese dinero es de todos, es de la familia. Ese dinero se utiliza para comprar, para echar la gasolina...

—Pero es su dinero.

—Sí, es su dinero, pero el dinero que tiene él lo tiene que compartir.

—¿Y por qué lo tiene que compartir?

—Porque tiene una familia. ¡Y ya está...! Tiene que compartir todo el dinero para que los demás estén bien. Además... ¿a mamá quien le paga por su trabajo?

Esa era la pregunta, ¿quién le paga a las madres por su continuo trabajo con la familia y las labores de la casa.

David se alteraba, al no encontrar la respuesta adecuada a sus convencimientos. No tenía palabras para expresar el estilo de vida de la familia que se ama, en la que los valores materiales son por todos compartidos. Solo aquellos (padre o madre) que no tienen claro lo que sienten son así: individuales, apartados del sentir común de la familia unida; porque no creen que exista el amor, ya que no lo sienten en sus vidas como un hecho real.

Aquel no era el problema de David, pero lo sentía como suyo. Quise seguir profundizando en él para ver sus sentimientos de niño, porque David, a sus doce años, expresaba de corazón y con mucha lógica todo aquello que hace de las personas auténticos humanos del *ser*.

—Y la persona que comparte ese dinero, sin decir que no es su dinero... ¿cómo es esa persona?

—Esa persona es responsable, buena de corazón, ama, quiere a sus hijos y consulta las cosas antes de hacer nada, no es irresponsable ni egoísta... ¿sabes?, y muchas cosas más —saltó como un resorte—: ¡Ah!, sería su dinero cuando estuviese soltero, sin hijos ni nada. Ese es su dinero y puede hacer lo que le dé la gana, porque no tiene que compartirlo con nadie.

David se descomponía, había encontrado otra de las respuestas a mi insistente pregunta. Le afectaba como si su propio padre fuera de ese tipo de personas, por ese motivo quise preguntarle:

—¿Tu padre es así?

—Mi padre tuvo una temporadita que se creía un listorro de esos.

—¿Y cambió del todo?

—No ha cambiado, y mira que ya se le murieron sus padres, porque eso creo yo que cambia mucho a las personas, les hace más... pero yo creo que todavía no ha cambiado del todo.

—Tus padres entonces tienen lagunas por resolver...

—¿Lagunas? ¿Eso qué es?

—Pues... problemas personales que tienen que resolver.

—¡Oye, te voy hacer una pregunta! —a David se le encendieron los ojos. Algo por dentro, como un relámpago, iluminó su mente con un enorme deseo de aprender, sobre todo para desvanecer su angustia. Necesitaba respuestas, porque un niño afectado por los problemas de sus padres necesita inspiración de los demás para encontrar una salida—. ¿Tú cómo prefieres a mis padres, juntos o separaos?

—Si tus padres se quieren y se llevan bien, el mismo deseo que tienes tú lo tengo yo.

—Pues yo deseo que estén juntos, pero si se llevan como los perros y los gatos, pues...

—Cuando hay por ambas partes amor se resuelven los problemas, pero si están en continuas disputas y...

—... Y están en deudas, ¿no? Puede ser también, porque mis padres tienen muchas deudas.

—Es que las deudas queman mucho a las personas. La pareja tendría que saber que *una deuda puede ser el principio de un conflicto y el final de una ruptura,* si hay problemas para pagarla.

—¿Sí...?

—¡Claro! Esto es así. Muchas parejas se separan por motivos económicos. El dinero es muy necesario, pero cuando no se tiene, surgen las disputas.

—Si no se tiene dinero, tú me dirás, y si no se tiene cabeza, entonces...

—Pues se acaba mal.

—Pues mis padres pueden acabar mal. Eso lo sé —David se ponía por momentos de nuevo tristón.

—Por todas estas cosas se sufre mucho, David, y a tu edad mucho más, pero si no hay más remedio, la vida es así. Son circunstancias que hay que aceptar. Mis padres no se separaron, pero cuando tenía doce años la familia se rompió, porque, por circunstancias, mi padre tuvo que emigrar al extranjero. Para mi fue muy duro, pero la vida se presentó de esta manera y la tuve que aceptar. Cuando se separan los padres, pues... es más duro todavía, pero hay que asimilarlo, hijo, y todos los niños lo superan con el tiempo. Si tus padres no se llevan bien y se tienen que separar, tendrás que adaptarte a esta...

—... Esta nueva vida.

—Un tiempo estarás con tu padre y otro estarás con tu madre. Y no pasa nada, David. Puede que incluso estés muchísimo mejor que de esta forma. Tú lo que tienes que hacer es...

—Seguir adelante —me quitaba las palabras de la boca, con tristeza pero con una conformidad admirable.

—No quiere decir esto que cuando la pareja se rompe vayan a ser unos desgraciados los padres y los hijos, sino que pasan a una nueva forma de vivir que dependerá de cómo los padres se tomen las cosas y se planifiquen. Lo importante es que no haya resentimientos y se actúe, siempre pensando en no perjudicar a nadie, porque esta situación la están viviendo millones de niños actualmente en el mundo y muchos casos son de una crueldad impresionante. Hacen sufrir a los hijos, ¿sabes? Los padres resentidos hacen mucho daño y eso es peor. Cuando dices: «Bueno, nos separamos y nos llevamos bien», de esta forma no sufre nadie, al contrario, mejora la situación, pero lo jorobado es cuando la pareja se odia.

—Los padres de un amigo mío se llevan muy bien aunque están separados. Y a mi amigo, yo siempre le veo alegre.

—¡Ves! Romper no significa deteriorar más la situación si los padres se hacen buenos amigos. Si se comportan así, no sólo serán buenos amigos, serán mucho más, pues en ellos anidará una convivencia muy profunda en lo bueno y en los momentos más problemáticos. Si logran bo-

rrar los momentos malos de su vida y que sub-
sistan las buenas impresiones, no habrá duda que
será mucho mejor para todos. Si esos padres que
se separan saben actuar con nobleza e incluso se
proponen ser más sinceros que cuando estaban
juntos, conseguirán una nueva armonía general
para ellos y para sus hijos. Por el contrario, si
ponen obstáculos continuamente a sus vidas con
la ira y el odio, será mucho peor para todos los
miembros de esa familia rota.

A David le hablaba como a una persona mayor,
porque asimilaba las cosas desde un entendimiento privilegiado. Estuve dialogando con él
durante dos horas, y percibí tantas emociones en
aquel pequeño... sobre todo incertidumbre y angustia. No era para menos. Me estremecí por
dentro al sentir la inocencia angustiosa de un
niño que sufre las inevitables disputas y problemas de sus padres. Pero sobre todo pude comprender que cuando lentamente muere el amor,
se produce un eclipse, cuya duración dependerá
del tiempo que tarden en reaccionar los padres.
Si falta el amor, se deteriora el fluir intenso de
la vida y todo se torna gris y agresivo. Estos ambientes perjudican gravemente la salud emocional y física de los niños. Las reacciones y experiencias de cada niño suelen ser diferentes, pero
todos sufren el efecto de verse de la noche a la

mañana sin todo aquello que les producía bienestar físico, mental y psicológico.

Conozco muchos casos crueles, y es algo terriblemente desagradable que obliga a los seres humanos a ser de otra forma a como podrían haber sido, si las cosas hubieran discurrido de otra manera. Por este motivo, los matrimonios que se separan deben tener en cuenta el después; que lo más importante, además de ellos mismos, son sus hijos, y si éstos están en una edad crítica, que piensen y se replanteen, una y mil veces, que los hijos, sobre todo de pequeños, son lo más importante y los que más sufren en ese proceso, que, la verdad, parece interminable.

Una vez separados, de lo que se trata es de pasar esta vida de la mejor forma posible. Consiguiendo toda la armonía que sea necesaria para resolver los futuros problemas que surjan, con la finalidad de estar alegres y disfrutar del encanto de vivir.

Vida después de la vida rota del matrimonio

Si hemos dado solución a una situación anómala, tenemos que recuperarnos. Pasarán meses e incluso años, pero después seremos capaces de enfrentarnos con nuevas esperanzas a una nueva vida. Después de la separación, todos los miembros de la familias se sienten conmocionados, confusos, desorientados y todos al mismo tiempo buscan con desesperación escapar del dolor y la angustia. No hay duda que es traumático y penoso, nos revolvemos emocionalmente por dentro y reaccionamos con ira y rabia pensado que nuestra vida ha sido una pérdida de tiempo. Cuando se muere el amor y nos separamos, es como un tajo que recibimos por dentro. Es semejante a la muerte física. Nos enfrentamos al desamparo, a la incertidumbre... ¡Qué va a ser de nosotros ahora! Parece que el tiempo se termina en aquel momento. Sentimos que no puede haber variaciones. Que ya todo va a ser igual. Pero no es cierto, porque a medida que los días pasan, las circunstancias cambian, y de aquí y allá surgen motivos que nos hacen pensar y actuar. No cabe duda que el pesimismo nos embarga, como si nunca pudiéramos resolver los problemas que nos acucian, pero eso es sólo una mala impresión que hay que trascender para poder ver que la vida está llena de posibilidades, porque todos aspiramos a vivir lo mejor posible, sobre todo en aquello que es esencial, como la paz y el equilibrio personal.

Si los padres consiguen liberarse de todo tipo de alienaciones, sobre todo de las emociones dañinas (angustia, ira, resentimiento), los hijos se adaptarán de una forma natural a las nuevas circunstancias.

La vida hay que aceptarla como viene. Los hijos, los padres y todo el mundo, son capaces de desarrollar capacidades para adaptarse a las diversas y nuevas situaciones y conseguir nuevamente el entusiasmo y armonía que les caracterizó... Y así, sucesivamente, si logramos continuamente superar las adversidades, nos sentiremos mejor.

La vida en muchos momentos es muy dura, pero todas las circunstancias, por muy complicadas que sean, nos enseñan a vivir. No tenemos que desesperar, cuando sabemos que toda la naturaleza está en acción y se desarrolla con un mínimo esfuerzo. Entendiendo esto, sabemos que estamos motivados por amor, y la energía de éste cohesiona a las personas y a toda la naturaleza. Sin embargo aquellos que son egoístas, y buscan controlar a las personas o manifiestan odio por ellas, gastan esa energía noble tan preciosa y necesaria, produciendo profundas distorsiones en los demás. Las parejas que actúan de esta forma están tirando piedras sobre su propio tejado y sólo recogerán maldad y en extremo violencia y muerte.

Violencia doméstica

Hoy día hay mucha violencia doméstica, porque se están olvidando los buenos pensamientos y secando sentimientos que nos hacen más humanos. Como si las emociones nobles pertenecieran a un orden sobrenatural en el que ya, por sistema ateo-materialista, no hay que creer. Y sin embargo, todo aquello que influye en nosotros para nuestro bien personal y de nuestros más allegados, nuestro prójimo, es necesario asimilarlo como asimilamos las instrucciones que nos capacitan para dirigir nuestro coche y el código de la circulación, para no tener accidentes, provocando heridos y muertes.

La emociones nobles, entre ellas el amor, no me hartaré de repetirlo, son emociones que se aprenden, como aprendemos a odiar, porque es lo más normal en un mundo deshumanizado. Así como aprendemos a conducir un coche, debemos asimilar todas aquellas instrucciones que dirigen nuestra vida para hacer el bien. Las ideas buenas, vengan de donde vengan, son necesarias para no caer en esa ceguera emocional que tiende a destruirlo todo con actos agresivos. Hay algo que debemos tener siempre muy en cuenta, y es que la mentalidad del mundo humano sólo la generamos nosotros, los seres humanos, y de él nos nutrimos para bien o para mal; por esto debemos saber que todo puede producirnos influencias y sugestiones que nos encaminen a hacer bien o mal las cosas.

La humanidad vive momentos muy difíciles, y las cosas pueden complicarse mucho más si cada uno de nosotros no tomamos las riendas de nuestro futuro, y con la acción, vamos sembrando la armonía mundial que tanto estamos necesitando.

CAPÍTULO IV

HUELLAS NEGATIVAS DE LA SEPARACIÓN Y EL DIVORCIO

«Entre las parejas más desgraciadas se encuentran aquellas que son incapaces de enfrentarse a la confusión y el caos que irremediablemente siguen a la ruptura final. Por ejemplo, quienes continúan negando lo ocurrido durante un largo tiempo y, como consecuencia, no pueden llegar a reconocer, aceptar y superar las emociones abrumadoras que les invaden y que son parte necesaria de este proceso inicial de separación. En esta categoría también se encuentran quienes se comportan de forma autodestructiva, motivados por el odio hacia sí mismos o hacia su pareja; la madre o el padre que se lanzan a una lucha salvaje por la custodia de los hijos, movidos más por el deseo de venganza que por el temor a perder a los pequeños, o aquellas parejas tan obcecadas por el rencor que son incapaces de llegar a ningún acuerdo o compromiso.

También entran en ese grupo quienes, sedientos de revancha, se lanzan, muchas veces con la ayuda de sus abogados, a una sangrienta campaña de aniquilación del contrario, incluyendo el flanco más vulnerable: su reputación. O quienes se sienten incapaces de superar la agonía del cambio y caen en el alcohol o las drogas para intentar adormecer su pena, o sufren accidentes provocados por su propio deseo de autodestrucción.

LUIS ROJAS MARCOS

La disolución del matrimonio siempre afecta a la psicología de los hijos. Pero no solamente a los pequeños, aunque éstos sean la parte más sensible y débil; a todas las edades, en la totalidad de los casos repercute de una forma negativa. Los psicólogos y los psiquiatras bien lo saben, porque a sus consultas llegan pacientes con problemas psíquicos o de conducta.

Un niño o niña en el vientre de la madre se ve afectado/a por la separación, y esto es muy sencillo, el estado de ánimo de la madre es una alteración y esto afecta al niño en una perdida de peso o en el desarrollo cognoscitivo y emotivo. Muchos niños pequeños sufre una regresión y se vuelven tímidos ademas de tener continuas pesadillas nocturnas. La alteración de los hábitos, el cambio de casa, la ausencia de uno de los seres queridos, sea el padre o la madre, sustituidos muchas veces por gente extraña que los cuida, produce reacciones de estrés, nerviosismo y ansiedad. Los niños notan la ausencia de uno de los padres y que algo cambia. Ya no es como antes, y esta modificación produce en el niño diversas alteraciones.

Semillas de violencia

Muchos niños entre tres y seis años pueden pensar que todo ocurre por su culpa y reaccionan de muy diversas formas.

—Mamá, ¿por qué no viene a casa papá?

—Pues porque está de viaje —le dice su madre mintiéndole, pensando que esta es la mejor forma para que su hijo no sufra. Pero continuamente el niño sigue preguntando. Pasa una semana, y su padre no ha vuelto.

—Mamá, ¿por qué no viene papá?

—Pues porque tiene mucho trabajo, hijo —el niño, al ver que pasa el tiempo y su papá no le llama ni viene a casa, empieza a preocuparse, e incluso se le pasa por la imaginación que quizá no vuelva nunca más por su culpa.

—Y si soy bueno, ¿papá volverá?

—Hijo, si tú eres bueno, pero...

La sabiduría infantil intuye que algo anormal está pasando. Las dudas de su madre no las siente muy normales, ni tampoco su tristeza. Y además, existe un vacío que le altera. Algo ha sido interrumpido y él todavía no lo sabe. Su cuerpo y su afectividad lo notan. Pasaron dos semanas, nunca había sucedido nada igual a lo largo de sus siete años de vida. A medida que pasan los días existe más incertidumbre y desasosiego, su madre le está mintiendo para evitar un conflicto. El padre ya nunca regresará de ese viaje, se fue resentido y quizá en algún momento llamará por teléfono, pero su voz ya no será la misma si la ira y el odio le atenazan. Estas reacciones de los padres serán semillas de violencia en el futuro del niño. En ese preciso instante de su infancia se siente agresivo y rebelde, y trata de evadirse de la realidad negando la ruptura de sus padres y mintiendo. Juega con sus juguetes y dibuja con la obsesión de ver a su familia unida. No soporta que su equilibrio se rompa de la noche a la mañana, y se niega a aceptar la realidad. Algo que es como su propia carne se distancia de él, y no lo puede entender, ni lo soporta. Tarde supo la noticia, pero pronto se enteró por sí mismo de lo que estaba ocurriendo. Y la rabia, la tristeza y la nostalgia se apoderó de él. Mira fotos. Pone el vídeo y el presente ya no le sonríe; su padre querido le ha traicionado. Pero, ¿por qué? ¿Qué mal le ha hecho a él para no recibir ni una sola llamada? Son cosas de adultos ignorantes, insensibles, deshumanizados por tantos problemas y tanto despojo de valores. No saben el mal que le están infligiendo. Parece que los problemas salpican incluso a los más inocentes, que se hacen culpables de una situación que no han provocado. Y ahora su madre le exige más que antes, incluso tiene que soportar su mal humor. Su madre está presente, pero ya no es la misma, parece que le aborrece.

«¿Será porque tengo cierto parecido a papá?», piensa, y siente miedo de ser expulsado de la casa como papá, aunque su papá salió él mismo por su propio pie. Son muchas las fantasías que invaden al pequeño y todas son mensajes negativos de su propia inseguridad.

Los problemas económicos, psicológicos, sociales... son algunas de las causas lógicas de la ruptura familiar. La autoestima y el autocontrol de estos niños se ven alterados y no se relacionan bien, respondiendo continuamente con agresividad. El pesimismo se apodera de ellos y pierden continuamente la concentración; su atención, inevitablemente, es absorbida por un estado mental caótico.

—Mamá, estoy malo.

—¿Qué te pasa, hijo?

—Me duele mucho la cabeza y me siento muy mal.

Normalmente, hay una tendencia en los niños pequeños a ponerse malos, y les surge continuamente el temor de ser totalmente abandonados.

—Mamaíta, esta noche soñé que te marchabas de casa y que un monstruo muy grande y feo me sacaba de casa y me encerraba en una habitación sin ventanas y vacía. Mamá, por favor, no me abandones nunca.

—No, hijo, nunca te abandonaré, porque te quiero mucho, hijo.

Esta etapa en la vida del niño es crítica, pues el modelado de los circuitos neuronales tiene lugar durante la infancia. Los traumas emocionales producen efectos decisivos y duraderos.

«La plasticidad del cerebro perdura durante toda la vida, aunque no ciertamente del mismo modo que en la infancia. Todo aprendizaje implica un cambio cerebral, un fortalecimiento de las conexiones sinápticas. Los cambios cerebrales observados en los pacientes con desórdenes obsesivos compulsivos demuestran que el esfuerzo sostenido en cualquier momento de la vida puede llegar a transformar —incluso a nivel neuronal— los hábitos emocionales. Para mejor o para peor, lo que ocurre con el cerebro en los casos de trastorno de estrés es similar al efecto de todo tipo de experiencias repetidas e intensas.

En este sentido las lecciones emocionales son las que les dan los padres a sus hijos. Existe una gran diferencia entre los hábitos emocionales inculcados por padres que están profundamente conectados con las necesidades emocionales de sus hijos y que proporcionan una educación empática, y aquellos otros proporcionados por padres que, por el contrario, se hallan tan absortos en sí mismos que ignoran la ansiedad de sus hijos o que simplemente se limitan a gritar y a golpearles caprichosamente.»

DANIEL GOLEMAN

Reacciones negativas a causa de la ruptura y la insolidaridad general

Las circunstancias de separación golpean violenta y más dramáticamente la vida emocional del niño, y si a esto le sumamos los problemas psicológicos, emocionales, económicos... de los padres, es ciertamente preocupante.

Es importante saber que las experiencias que viven los niños después de la separación de los padres es muy diversa y casi todos los hijos salen de estas circunstancias reforzados y más maduros que los demás niños de su tiempo cuyos padres no se separaron.

Unos se rebelan descuidando sus estudios, y su animosidad desordenada les lleva a no poder interrelacionarse con normalidad, entrando en conflicto al más mínimo contratiempo. Muchos incluso demuestran su grado de irritabilidad cometiendo pequeños robos. Normalmente este tipo de reacciones aparecen en niños cuyos padres están distraídos en ellos mismos, absortos en su complejidad y en los múltiples problemas que soportan. Son niños abandonados a su suerte, que buscan protección y apoyo en amigos y familiares próximos, pero la incomprensión y la deshumanización los rechaza y son muy pocos los que, en estas circunstancias, logran equilibrar sus vidas y pueden integrarse de una forma normal.

Toda la extensa familia tendría que ser consciente de lo importante que es prestar ayuda y dar amor a estos chicos, pero como es normal, cada cual está ocupado en sus quehaceres y complejidades personales, y evitan que les salpiquen ni lo más mínimo unos problemas que no quieren ver ni en pintura. Estos seres humanos al final se pueden convertir en hijos del infortunio, violentos y resentidos contra la sociedad entera, a la que culpan de todas sus desgracias.

Cuando no se tienen en cuenta los sentimientos y se produce el violento rechazo por parte de todos, el aprendizaje emocional es inolvidable y determina el curso de una vida. Las cárceles están llenas de adultos que fueron marcados por las huellas de la insensibilidad, y todo empezó quizá en una crisis de familia que siguió en una separación desastrosa... pero la vida sigue y los niños se hacen adultos; en estas circunstancias tan adversas, necesitan aprender de los demás lecciones de cariño, amistad y amor. Necesitan apoyo para superar su tristeza y poder remontar el vuelo hacia una nueva normalidad.

Eugenia y Verónica

Aquel día Eugenia y Verónica desahogaron su obsesión, cuando solamente y por curiosidad les pregunté si habían asimilado bien la separación de sus padres. Ellas tienen en la actualidad diecisiete y diecinueve años, y la separación se produjo cuando contaban solamente catorce y dieciséis; desde entonces, su padre se convirtió para ellas en una pesadilla.

—Pero, ¿de verdad se porta tan mal con vosotras?

—Muy mal —dijo Verónica.

—Si con ella se porta mal, a mí es que no puede ni verme, ¿y sabes por qué? Pues porque le hablo muy claramente, para que se entere de todo el daño que nos ha causado a nosotras y a nuestra madre, aunque él diga que toda la culpa la tiene ella, por no hacer las cosas como él decía. Tuvimos que aguantar hasta bien mayorcitas estar siempre superprotegidas y luego de golpe, se separan, y nos vemos desprotegidas y maltratadas.

—Bueno, eso no es verdad, porque mamá estuvo siempre con nosotras.

—Mama sí. Me refiero a papá.

—¡Ah! Eso sí.

—Vuestra madre sigue con vosotras, ¿no? Sí, la pobrecilla es la que ha cargado con todos los problemas, porque ha pasado mucho con nosotras y con el zambullo de mi padre. Yo ahora que me doy un poco cuenta de la situación, pienso que la vida es muy dura para la persona que tiene que aguantar el odio de otra persona. Porque mi padre odia a mi madre y como pueda le hace la vida imposible.

—¿Y por qué?

—Pues porque dice que ella ha tenido toda la culpa de todos los problemas que surgieron entre ellos y de la separación —dijo Verónica.

—¡Tiene un morro...! Mi madre le aguantó todo lo que pudo. Porque mi padre tiene tela. Es muy egoísta y ella misma tuvo que tomar una solución. Eso le sentó como una patada en el culo. Porque es muy orgulloso, y desde entonces se venga haciéndonos daño a nosotras. Un día de Reyes, hace ya dos o tres años, nos llamó a las dos para que recogiéramos los regalos, ¿y sabes lo que me hizo a mí? Pues me dijo que no me regalaba nada porque no lo merecía... Que se lo regalaba todo a mi hermana. Y así fue. Lo que pasa es que... Verónica y yo nos llevamos bien y después en casa repartimos los regalos. ¿Tú sabes el daño que hace eso...? ¿Que tu padre esté jugando continuamente con los sentimientos sin importarle nada lo que puedas sufrir? Por lo menos a mí me hería mucho; ahora menos, pero le sigo odiando. Le odiamos las dos y eso es muy malo para nosotras. Mi madre dice que es mejor olvidarle porque muchas veces es insoportable odiar tanto.

—Y mamá tiene razón, porque si no, vamos a caer enfermas —dijo Verónica—. A mí me regaló otro día un oso de peluche gigante y lo dejó delante de la puerta de casa con una nota que decía: «Todo para ti, hija querida, para tu hermana nada.» Yo creo que está enfermo, porque si no es inexplicable.

—Nuestro padre es una obsesión. Yo no sé, pero muchas veces pienso que sería mejor que no existiera, porque así le podríamos olvidar. No te lo vas a creer, nos llama todas las semanas y como yo le caigo tan gorda no me dice nada y sólo pregunta por mi hermana: «¿Está tu hermana?», y no me dice ni hola. ¿Te lo puedes creer? Pues es así. Por eso, cuando oigo su voz por teléfono me entra de todo, y después me pongo a llorar, porque me gustaría que su voz se dirigiera a mí con un poco de cariño, pues la verdad es que un padre es muy necesario y lo echamos mucho de menos. De esta forma, lo quieres olvidar, pero siempre está ahí para hacernos la puñeta. No me extraña que haya gente que... ¡buf!, iba a decir una burrada —Eugenia se aguantó su extrema expresión de odio.

—¿Tanto le odiáis?

—Es que son muchas cosas. Si sólo fueran unos cuantos errores, pues bueno, pero son muchas cosas. Han sido muchos castigos. Nos dejaba sin cenar o sin comer... y salir a la calle nunca. Yo no sé, pero mi padre ha sido uno de esos antiguos padres dictadores. Algo muy raro. Para él éramos como unos juguetes con los que caprichosamente jugaba a educarnos. Y cuando hablaba con los demás, daba consejos de cómo educar a sus hijos. Él, que no tenía ni idea.

—Pero, ¿no os quería?

—Sí... nos quería a su manera... ¡pero mejor que no nos hubiera querido! —dijo Verónica.

—Papá era un ignorante y además un hombre lleno de problemas personales.

—Un frustrado, y no hay nada peor que un padre insatisfecho consigo mismo. Yo creo que no supo resolver todos los problemas que tuvo en su infancia, y nosotras fuimos las que pagamos todas las consecuencias.

—Cuando sacábamos algún suspenso era un drama. Nos dejaba sin comer. Yo estuve tomando un vaso de leche nada más durante una semana. Eso siendo mayor, con doce o trece años.

—¿Y vuestra madre se porta bien con vosotras?

—¡Fenomenal! Gracias a ella vamos tirando. Nos quiere mucho y siempre está atenta a la más mínima para ayudarnos. Pero lo peor de todo es que nosotras no nos portamos todo lo bien que debiéramos con ella. Porque todavía no podemos valorar todo el sufrimiento que ha pasado por culpa de ese hombre y por nuestra culpa. Porque nosotras reconocemos que estamos enfermas. Ya hemos ido un montón de veces al psicólogo, porque la verdad es que estamos mal. Hemos perdido mucho tiempo. A mí me gustaba estudiar y sacaba buenas notas, pero después de todos estos líos, pues se acabó. Yo dejé de estudiar porque era imposible concentrarme. Verónica sigue, pero siempre le quedan dos o tres asignaturas para septiembre. ¡Somos un desastre!

—Yo estudio, pero me pasa como a mi hermana, no me concentro. Me distraigo mucho. Además, como tengo edad de tontear con los chicos, pues...

—Pero fue mejor que se separaran vuestros padres, ¿no?

—Sí, claro, mucho mejor. Llevaban ya una temporada insoportables. Continuamente peleándose. Nos pasábamos el tiempo llorando, porque cada vez nos castigaba más, sin salir de casa.

—¿Os pegó alguna vez?

—No, no... él no pegaba, nos hacía más daño de la otra forma, con castigos que se inventaba y que nos herían por dentro.

—Y para colmo nos regaló un libro a cada una, para que nos portáramos bien y fuésemos buenas. ¡Qué desfachatez!

—¿Y qué hicisteis con el libro?

—Lo tiramos a la basura. El libro sería bueno, pero no soportábamos que él, precisamente él, que tenía que aprender a ser bueno, nos dijera como debíamos comportarnos.

—Desde luego, no tenemos padre, sólo existe una persona que es nuestro padre, pero nada más. Para mí es más padre mi tío, o cualquier otra persona que me quiera.

—¿No habéis sacado nada bueno de vuestro padre?

—Pero si nos ha criado como si fuéramos niñas tontas, superprotegidas y a la vez supercastigadas. Nos han dado palos en la familia y después palos en la vida, porque normalmente no nos relacionábamos con nadie. Nos protegía de mala manera. —dijo Verónica muy resentida.

A Eugenia y Verónica las vi nacer, como a otros niños cercanos a la familia. Por entonces mis hijos eran como ellas y sentía a los niños como algo muy especial, que había que educar con mucho cariño, lejos de sentir que eran muñequitos a los que manipular. Ellas siempre al lado de sus padres, sin poder separarse del límite impuesto. Siempre a la vista. Siempre temiendo lo peor. El temor siembra temor, y si a la libertad se le ponen continuas trabas desde la falta de conocimiento, no cabe duda que a la larga esto degenerará en resentimientos. La libertad y el amor se llevan muy bien cuando un valor confía en el otro. Los hijos amados en libertad son como los árboles regados con la abundante armonía. Los seres humanos somos pequeñas simientes que con el tiempo crecen y se desarrollan, y a todo proceso físico le acompaña un crecimiento interior tan importante como el crecimiento físico.

A estas mujeres hechas y derechas las conocí siendo niñas y como a mis hijos las quise de verdad. Sufrí mucho cuando contemplaba el error continuo de su padre con esa severidad absurda: concediendo mayor importancia a una asignatura, o a una falta de apetito cuando no les apetecía comer... que a la autoestima de sus propias hijas. Anteponiendo las matemáticas, la gramática... al propio crecimiento interior sano de sus hijas. Ignorancia atrevida y el efecto de las propias frustraciones. ¡Cuántos monstruos se han creado por culpa de un sistema ingrato de notas y carreras frustradas! Veía con mis propios ojos la influencia nefasta de un padre que educa castigando, y lo peor de todo para mí fue la impotencia de no poder hacer ni decir nada en contra de aquella actitud enfermiza. Habitualmente, la enfermedad mental crea su propia prepotencia y atrapa a todos los que la rodean, si no se impone otra forma de ser. Normalmente hay muchas familias que prefieren el equilibrio y la armonía y no desestabilizar algo tan fundamental como es pasar la vida de la mejor forma posible. Eso es bueno, aprender a vivir en ese estado, pero muchas familias viven y conviven con un enfermizo trasfondo, incapaces de interferir para operar un carcoma que va a desbastar a corto plazo a la familia entera. No hay nada peor que enterrar los problemas y seguir viviendo aguantados para no provocar terremotos. El padre de Eugenia y Verónica fue durante mucho tiempo una pesadilla para ellas y para toda la familia, que atónitos presenciábamos los castigos del acomplejado machito, cabeza enferma de su familia. Todos comentábamos con tristeza el desarrollo de los acontecimientos y soportábamos pasivos, para no crear tensiones, las ridículas demostraciones del poder paternal machista sobre inocentes niñas que no tenían más remedio que obedecer.

—¡Arriba, castigadas! por, suspender, por contestar mal, por no hacer caso... por tantas y tantas bobadas por las que había que castigarle a él.

No hay duda que se nace para ser libres; se trata, pues, de encauzar, con todo el amor del mundo, para desarrollar todas las potencialidades personales. Son muchos los errores que se cometen con los niños, y más si existen conflictos matrimoniales y la separación. De padres irresponsables, surge una despiada insolidaridad dañina. Eugenia y Verónica fueron dañadas en su autoestima desde mucho antes de la separación, perdieron confianza en sus padres y en ellas mismas. Pero gracias al amor de su madre, su tesón... iban convenciéndose poco a poco de aspectos de la vida más positivos.

Los conflictos de los padres afectan muy directamente a los hijos y tienen graves consecuencias psicológicas y de comportamiento. El negativismo evidente en unas circunstancias y otras, altera las emociones y produce comportamientos anómalos. Llegando a un punto de la crisis familiar, les da igual que sus padres vivan juntos o separados; a ser posible, lo que más desean es que les dejen tranquilos y que después se arreglen de la forma que sea. Muchos niños rotos por dentro añoran la tranquilidad y la alegría, y desean que se pase el tiempo. Quieren hacerse mayores para sentirse independientes y olvidar cuanto antes su etapa de la niñez catastrófica.

Lo realmente dramático son las impresiones generadas en sus cerebros. La desconfianza e inseguridad que se fraguó en la tierna infancia es muy difícil de erradicar. Toda la seguridad del hogar en condiciones normales de amor y respeto se tornan inseguras. Roto el equilibrio y la armonía es imprescindible ir al encuentro y a la conquista de nuevos horizontes. Sólo aquellos hijos que son ayudados y apoyados por la familia, los amigos y especialistas, podrán de nuevo encontrar otro equilibrio personal.

Los efectos, a largo plazo, de la separación se recuerdan como huellas amargas que unos pudieron superar y otros llevan grabadas como algo insuperable. Los efectos de las amargas desavenencias crean desorden, impulsividad y ceguera, para tener en cuenta los problemas ajenos; por este motivo muchos hijos, hartos de ser víctimas inocentes, desean que todo termine, y si no es así se tornan agresivos. La prepotencia violenta surge de toda la problemática personal y como una rebeldía continua, revestida de odio y dirigida hacia la familia y la sociedad entera que no les ayudó ni entendió sus problemas. La distancia y la frialdad de las familias conflictivas, y la posterior separación, crean una inquietud y sufrimiento que atormenta a los niños. A menudo lloran su tristeza y sufren pesadillas. La discordia entre los padres minó los sentimientos. Los hijos de la discordia son más depresivos, impulsivos, hiperactivos y sus problemas repercuten en la familia, en la escuela... y siendo adultos, su influencia puede socavar a la sociedad entera, ignorante de cómo se gestan los monstruos humanos.

CAPÍTULO V

EL PUNTO DE VISTA
DE DOS MADRES DIVORCIADAS

«Si la familia nuclear no satisface a muchas parejas modernas, y esto es algo que la elevada tasa de divorcios demuestra, ¿cómo asume sus tareas educativas? Sobre este punto, los datos científicos son más ambiguos y están sujetos a diversas interpretaciones. Por un lado se pueden citar, como prueba de que las parejas actuales son incapaces de educar a las nuevas generaciones, investigaciones que documentan el elevado número de suicidios, muertes violentas, casos de vandalismo, maltrato de personas, consumo de drogas y de alcohol en que están implicadas personas jóvenes. Las parejas actuales tienen dificultad para permanecer unidas de manera satisfactoria, y los padres en permanente discordia tienen hijos más proclives a padecer disturbios psíquicos, a la droga y a la violencia, y que no es raro que sufran abusos sexuales y malos tratos. Son chicos que luego tienen dificultad para insertarse en la sociedad, y a su vez se convierten en problemas sociales. Por otra parte, es también verdad que la mayoría de los hijos de parejas conflictivas, separadas o unidas, logra llegar a la edad adulta razonablemente bien, aun cuando a veces lo consiguen al precio de grandes sufrimientos personales y de daños a la sociedad.

En las nuevas familias abiertas hay una diferenciación de papeles sexuales menos marcada que en las tradicionales. Casi la totalidad de las mujeres, además, trabaja fuera de casa, mientras los hombres se ocupan de los hijos y de la gestión doméstica más que en los primeros matrimonios. La realidad es que la relación de pareja es más satisfactoria en las segundas nupcias que en las primeras. Los chicos que viven en familias abiertas parecen desenvolverse personal y socialmente mejor que sus coetáneos de familias nucleares. Haber superado problemas difíciles, haber tenido el sostén y el apoyo de otros adultos, para ellos importantes, además de los progenitores biológicos, todo ello ha contribuido a que sean más tranquilos, equilibrados, maduros y altruistas que sus coetáneos. Me gustaría subrayar otra evidencia: los padres que continúan cumpliendo un papel activo en la educación de los hijos después del divorcio aprenden a expresar mejor que antes sus propias emociones.

DONATA FRANCESCATO

Nieves y Mari Luz

Recientemente, me encontré con dos mujeres separadas: Nieves y Mari Luz, su intima amiga de la infancia. Las dos tienen hijos. Nieves tiene dos hijos: Antonio, de veintitrés años, y José, de diecisiete. Mari Luz sólo tiene una hija de veinticinco años. Son mujeres de mediana edad y de buen nivel cultural.

Este encuentro me dio la oportunidad de conocer a Nieves un poco más de cerca. Me invitó a un café y acepté la invitación, no sé por qué. Nieves era muy amable y humana en el trato, abierta y servicial. Me presentó a su amiga Mari Luz, que trabajaba en Telefónica. Parece ser que tenía problemas con el teléfono y ella se brindó a prestarle ayuda, antes de que viniera el técnico de la compañía.

—¿Quieres unas cerezas en anís que preparo yo? Están muy ricas ¿O prefieres un pacharán acompañando al café? —me dijo Nieves.

—No, no... solamente café con leche.

—Fría o caliente.

—Me da igual.

Hablamos de diversos temas durante la primera media hora y después emergió como por encanto una preocupación de fondo que Nieves y Mari Luz padecían: la separación y los problemas de relación que mantenían con sus hijos. Yo no sabía que estaban separadas hasta ese momento.

Mari Luz había superado el amargo trago de la anorexia de su hija y todas las circunstancias adversas la que afectaron después de su separación. Ella parecía dominar la situación mejor que Nieves, que la todavía, después de diez años, no había afrontado emocionalmente su separación. Separada físicamente de su marido, pero todavía enamorada de él. ¿Cómo se explicaba esto? Para la mayoría de los cónyuges, dejar de ser marido y mujer, y conseguir una nueva armonía que les permita colaborar como padres, tiene su proceso. La separación no existe verdaderamente si no hay una independencia total, y Nieves, incluso divorciada, se negaba todavía a aceptar romper definitivamente con el que fuera su marido y empezar a considerarle como un buen amigo. Mari Luz trataba de convencerla por todos los medios. Era su lucha desde que se dio cuenta que Nieves no había encajado muy bien la decisión de su marido de tener una querida. Aquel hombre se fue con otra mujer y le propuso vivir una relación a dos bandas. Ella no lo aceptó. Me parecía mentira estar escuchando aquella historia y además tener el privilegio de estar presente. Con mucho respeto escuché y pude sentir la lucha interior de Nieves convenciéndose de que Luis era parte muy importante de la familia y con el que, todavía, ella y sus hijos mantenían relaciones familiares muy satisfactorias. Siempre convenció a los hijos para que fueran a ver a su padre, y ella le invitaba sin ningún tipo de prejuicio a los cumpleaños y otras fiestas. Lo curioso es que, incluso habiéndose separado y divorciado, consideraba a la mujer de su ex marido como su querida. Era incomprensible, y Mari Luz trataba de convencerla de que no era así y que tenía que romper definitivamente aquellos lazos emocionales con su ex marido. Es normal que después de la separación se vivan meses, anteriores y posteriores, sumidos en una crisis con toda su carga negativa, pero lo normal es que se reaccione superando esos momentos de angustia y depresión. Lo normal también es que la separación emocional aparezca mucho antes de la separación física. Comienza cuando uno de los miembros observa el

deterioro de la relación e intenta poner remedio, pero no lo consigue. La esperanza se pierde
con el tiempo y comienza a imaginar que no
merece la pena el matrimonio.

Percibí un conflicto profundo en Nieves, co-
nectada todavía a su ex marido. Él la había en-
gañado, esa era la palabra. Había roto una fidelidad que ella le había guardado siempre. Luis
era un estirado alto ejecutivo de un banco. Un
prepotente egocéntrico de esos que abundan hoy
día, perfeccionista y deshumanizado. Según hablaba de él, era un líder que le había absorbido
por completo su vida, pero ella le quería. Ad-
miraba muchas cualidades, sobre todo su responsabilidad y su entrega al trabajo. A su lado
se sentía inferior, y después del engaño no
acababa de reaccionar. De aquí el enojo de Mari
Luz.

Mientras me encontraba con ellas, sentía la
tristeza de la desunión: la mía y la de ellas, porque yo también me encontraba a meses de distancia de mi propia separación. En ningún momento hice mención a mi caso particular, ni
siquiera me preguntaron. Mejor. Escuchaba aten-
tamente. Vi, oí y sentí en aquellas personas un
pasado lleno de angustias y tristeza, y el presente
no era todo lo bueno que se deseaba. Los hijos
eran otro capítulo muy importante y otro pro-

blema. Si los conflictos de los padres salpican a los hijos, después, y durante mucho tiempo, si existen resentimientos, los problemas de los hijos salpican con fuerza a los padres.

En aquel momento llegó José, uno de los hijos de Nieves. Venía muy contento y nos saludó a todos. Se le veía feliz, y a su madre satisfecha de tenerle, pues era el único que se preocupaba de verdad de ella. José era alegre y muy abierto. Nos habló durante un buen rato de lo que anteriormente había estado haciendo en una peluquería de un amigo suyo. Nieves le preguntaba con curiosidad. Sus palabras eran muy afectuosas y su hijo sintonizaba muy bien con ella. Una vez que se fue, nos habló con mucho cariño de él. José había superado y aceptado la separación de sus padres. Lo expresaba en su forma de hablar y de comportarse, muy madura para la edad que tenía.

—Si no fuera por él, yo no sé que me hubiera pasado. Es un chico muy atento. Fíjate, hace años sufrí una enfermedad en los huesos y desde entonces no me deja coger bultos. Está continuamente pendiente de mí. Es un ángel. Yo le quiero más que a nadie en el mundo. Pero el otro... el pobrecillo es todo un problema. Nos llevamos muy mal. Yo no sé qué hacer. Ni trabaja, ni estudia. Es que no hace nada. Y mira que está bien preparado: sabe dos idiomas y tiene la carrera de económicas terminada. Es listo, pero... bueno, que es una persona que ya se podía estar preocupando por romper el cascarón y ganarse la vida; pero no, ahí le tienes dando el tostón con la música que a él le gusta y que, para mi gusto, es un rollo patatero. No me habla. No dice nada. Le pongo todos los días la comida y la cena, y no te creas que recoge la mesa y mete los platos en el lavavajillas. Hay que hacerle todo. ¡Es que soy tonta...! No le tenía que hacer nada y que se apañara como pudiese, porque es un desagradecido. El otro día le llegaron los papeles de la mili... porque quiere hacerse objetor... y ahí los tiene. Dice que un día de estos ira a llevarlos. Yo desde luego no voy hacer nada, que lo haga él.

—El pobre tendrá muchos problemas sin resolver. Si a mi hija le pasó igual. Tú no sabes lo que pasé con mi hija —dijo Mari Luz.

—Pero Mari, si eso va para diez años, yo creo que ha tenido tiempo de solucionarlo, ¿no? Mira el pequeño. Es un ejemplo. Que no, que no...

—¿Y tú? ¿Cuánto tiempo llevas también sin resolver tus conflictos? — Nieves pensó durante unos instantes la pregunta de su amiga. Le había hecho reaccionar.

—Tienes razón, pero no es igual. Yo no paro, soy muy responsable. Tendré todos los problemas que sean, pero trato por todos los medios de no hacerles daño y con un poco de agradecimiento me basta. A ellos no les falta de nada. Estoy continuamente preocupada por todo lo que les pasa. Les trato igual. Les quiero igual, y aunque tenga cierta predilección por José, es porque él me corresponde con mucho cariño. Eso me consuela y me anima. En vez de ser una carga es una ayuda continua. Saca sus estudios con buenas notas; asimiló con el tiempo muy bien todos los problemas... en cambio el otro...

—El otro es distinto, Nieves. El pobre tiene ahí en su cabeza atascados todavía todos sus problemas. También él ha sacado sus estudios, ¿no?

—Sí, pero entre él y yo hay algo que nos separa mucho, y me gustaría saber qué es para poner solución cuanto antes. Pero es imposible, porque no se puede hablar con él. La convivencia se ha hecho insoportable. Yo muchas veces me siento sola y le necesito porque es el mayor. Pero él pasa de todo. No puedo contar con él para nada.... La verdad es que los hombres sois muy importantes en la vida de la mujer. Os desenvolvéis mejor en muchas cosas.

Cambiaba de conversación y me miraba apreciando que fuera un hombre. Así me hacía sentir el vacío que había en su vida, y un descontrol obsesivo, que seguramente le cegaba para entender los problemas de su hijo. Cuando el resentimiento anida en nuestras vidas, y si los hijos nos hacen daño, olvidamos el daño que hemos podido hacerles y lo único que generamos son incómodos resentimientos. Estamos deseando que desaparezcan de nuestra vida porque ese continuo roce diario de críticas y egoísmos nos desgastan. Es imposible vivir así como esclavos de sus apetencias y pereza sin límites.

Mari Luz trataba continuamente de convencerla de su equivocación y Nieves asumía sus errores, pero podía más que ella aquel hijo que era su desgracia. Los hijos pueden experimentar diversas reacciones después de la separación y según las circunstancias. La intensidad del conflicto entre los padres no cabe duda que deja huellas profundas, pero tan sólo que uno de ellos se ocupe de la función educadora y afectiva, a la larga, ellos reacionarán de una forma positiva. Muchas veces se necesita la ayuda inestimable de un buen especialista, pero si ellos demandan ese tipo de ayudas.

—Yo creo, Nieves, que tienes que calmarte. ¿Por qué no llevas a tu hijo al psicólogo? Mi hija fue al psiquiatra durante un tiempo y se recuperó. Ahora está divinamente.

—No quiere. Bueno, si yo le propusiera eso me mandaba a freír espárragos. No sabes el genio que tiene el niño. Él se cree muy autosuficiente para afrontar sus problemas. Se parece mucho al padre en muchas cosas... pero este es un irresponsable. El otro día me enteré que en una editorial necesitaban a una persona con los estudios que él tiene, y se presentó con esos pelos largos sin lavar. ¿Tú te crees que así va a encontrar trabajo? ¡Que no! A mí me gustaría dar una solución. ¡Qué pena!

—Antonio se muestra así con esas pintas porque está irritado con todo el mundo y desconfía de todos. Teme ser ofendido y despreciado... y un montón de cosas más. Como mi hija. ¿Tú sabes lo que es tener a una niña dulce y buena hasta los dieciséis años. Nos entendíamos que era un primor, y a raíz de los conflictos que tuvimos mi marido y yo y después de la separación el cambio que dio? Fue horrible. Aquello era irreconocible. Un monstruo. No te puedes hacer una idea. Y es que, vete tú a saber lo que pasó por su cabeza. ¡Cuánto sufrimiento! A unos les afecta de una forma y a otros de otra. Tú has tenido suerte con José pero mala suerte con Antonio, y tienes que aceptarlo sin tantos resentimientos hacia él. El odio es malo. Yo me di cuenta después de continuas luchas intestinas. El odio lo único que hace es engendrar crítica dañina. Yo me pasaba el día criticándola era lo que me salía de dentro. A un desprecio otro desprecio, y esto es una equivocación. Por eso con el tiempo fui cambiando mi postura. Y mira que la odiaba porque lo que me hacía a mí eran cosas para echarla definitivamente de casa. Pero un día paré en seco y me hablé a mi misma: «Mari Luz, que por ahí no vas bien.», y empecé a corregirme... Intentar que mi hija cambiara era un trabajo perdido, en cambio podría intentarlo yo. Me convencí de que si yo tomaba otra postura menos intransigente y más pacifica, respetándola cuando ella me faltaba al respeto, o sea lo que dice Jesús, llegar al extremo de poner la otra mejilla cuando te abofetean. Fue muy duro, te lo puedo asegurar, porque hay que aguantar mucho. Al final ocurre lo que tiene que ocurrir, son todo ventajas, porque por dentro me hice más fuerte, para no saltar a la primera de cambio y veía que cuando no había reacción por mi parte ella no tenía con quien desahogar su resentimiento y su ira. Por tanto, lograba que me respetara y disipar su estado de ánimo. Yo no sé si esto puede servirte, pero me gusta contártelo porque la verdad es que me sirvió de mucho.

—Sí, sí, sigue. Claro que me sirve. Haber si adelanto algo, porque si te digo la verdad estoy estancada. No sé que hacer. Todo lo que dices me sirve de consuelo. Yo no sé si lo pondré en práctica, pero me estás hablando de algo de lo que yo no me había dado cuenta. Y tienes razón, yo me paso la vida indignada con él.

—Eso es normal, porque tu hijo y tú habéis entrado en el círculo del odio. Sin embargo, ¡qué curioso!, con José estás en el círculo del amor.

—¡Anda, pues es verdad! ¡Qué curioso!

—En el círculo del amor todo es aprecio sincero, elogios; tú te interesas por tu hijo y él por ti; le sonríes, le escuchas, le hablas de lo que le interesa a él; haces que se sienta importante; no hay discusiones y si alguna vez pasa algo se resuelve de buenas maneras; os teneis mucho respeto; escuchas con agrado todo lo que le pasa... y un montón de aspectos más. Con José te encuentras en la dimensión de las emociones nobles y estáis obedeciendo a las leyes del amor mutuo. Sin embargo, el odio que existe entre Antonio y tú produce el efecto contrario. Otro círculo vicioso donde continuamente os estáis despreciando, criticando continuamente; cada vez quieres interesarte menos por tu hijo porque no se lo merece y cuando te das cuenta, haces un esfuerzo ímprobo como madre que eres y rectificas, pero a la pura fuerza. Son muchas formas de actuar negativas. Cuando empiezas a cambiar todo ese conglomerado surgen reacciones que a largo plazo se instalan motivando la formación del círculo de las emociones nobles. Con el tiempo tu hijo se dará cuenta, y si hay mucha sinceridad y amor en ti, se produce el milagro de la vida en las relaciones humanas. Todo cambia y te ganas a tu hijo.

—Pero esto es muy difícil.

—No es fácil, y más cuando vuestros comportamientos son: hábitos, vicios, adicción. Vivimos con hábitos buenos y malos y deshacer unos para crear otros que los sustituyan es difícil, pero si en el fondo quieres a tu hijo, grábatelo bien en el fondo de tu ser todos los días.

—Entonces, ¿tengo que cambiar yo para que cambie él? Eso es muy cómodo, ¿no?

—Tú eres su madre. Él es hijo y lo peor que podemos hacer las madres y los padres es perder los papeles descontrolándonos. Así tenemos perdida la batalla. En cambio, de la otra forma, muchas veces perdemos batallas, pero no la guerra final. Es un ejemplo un tanto belicista, pero es que el hogar es un campo de batalla continuo si no se saben abordar los problemas con cierta sabiduría. Así fue como salvé a mi hija.

—¡Jo! Pues qué lección más bonita. Pero qué dura de poner en práctica.

Aquella tarde fue una lección de humanidad para mí también. El ser humano tiene que ir continuamente superándose a sí mismo; la vida es una continua lucha de superación y adaptación. Si la vida se vive en continuas situaciones frustrantes, se producen desequilibrios en la persona, y si se sufre en la infancia, con más razón todavía. Cuando el niño o el adulto se sienten frustrados por los acontecimientos, tienden a arremeter contra el entorno o contra sí mismos. Lo normal es sentir el disgusto con uno mismo y reaccionar contra los padres o la sociedad con malas formas, muchas veces violentas. Es decir, toda frustración comporta un grado determinado de conflicto, personal, familiar o social.

Con frecuencia, las salidas de tono, las disputas, el embrollo, las peleas, son habituales en la familia y en la sociedad entera. Por algo trivial puede prender un fuego de mil demonios, y este puede ser el efecto de una causa concreta: la frustración. Padres e hijos frustrados pueden cometer locuras, siendo esclavos de ese círculo macabro del odio. Del hogar salta a la sociedad, y los colegios se impregnan de intolerancia. Últimamente estamos muy acostumbrados a leer y ver en los distintos medios de comunicación la violencia desatada y propagada entre los jóvenes, la intolerancia y la violencia aquí y allá, y yo me pregunto: ¿Es la familia extremadamente inestable e irreponsable en los últimos tiempos? Están surgiendo generaciones muy violentas y egoístas que sólo desean recibir sin dar nada a cambio, en las que impera un ego fatalmente frustrado. Los padres separados no podemos cometer el error de hiperproteger o consentirlo todo. Amar es lo más importante, pero desde la fortaleza y la madurez, porque el amor a nuestros hijos evita la frustración y las peores salidas. Porque nadie se hace violento porque sí, y nadie se hace pacifico, entendiendo profundamente lo que significa la no violencia: la violencia se aprende y ser pacíficos y armoniosos también. Y las causas de este aprendizaje son en todos los casos aprendidas en la familia y en el amplio contexto social.

La violencia es una respuesta a la frustración y a la inactividad de la persona, y la paz es una respuesta producida por los sentimientos nobles. El más sublime: *el amor*.

CAPÍTULO VI

CUANDO SE DESTRUYE LA CONFIANZA BÁSICA

«Tenemos indicios, débiles señales que nos sugieren cómo mejorar la calidad de vida y cómo interesar cada vez más a personas en el bienestar común, además del personal. Los medios de comunicación pueden ejercer una influencia importante sobre el mundo de los deseos y de las representaciones mentales y proponer mitos e identificaciones positivas. Hoy la tecnología permite multiplicar las ocasiones para comparar, aprender y debatir sobre todas las cuestiones de interés social.

Gracias a los medios de comunicación, podemos alentar procesos de reflexión institucional de largo aliento. El planeta se encamina a convertirse en un gran sistema nervioso formado por el conjunto de los cerebros humanos y las inteligencias artificiales. Los estímulos lanzados por los *mass media* pueden ser discutidos y reelaborados por personas reunidas en pequeños grupos, cara a cara, en los que cada uno pueda desarrollar identificación y sentido de pertenencia mayores.

En las escuelas, maestros incentivados y actualizados pueden crear un ambiente afectivo que favorezca el crecimiento de estudiantes menos violentos, más colaboradores y con más autoestima

Cuando los padres biológicos tienen a su lado a otras personas responsables y afectuosas, y que introducen a niños y jóvenes en el análisis de los acontecimientos de su vida, éstos adquieren más tolerancia, están más preparados para resolver los problemas y se sienten más agradecidos por lo que han recibido.

Hoy estamos frente a graves problemas que pueden tener centenares de soluciones innovadoras. Debemos armarnos de valor e imaginarlas, probarlas y descartarlas. Depende de nosotros administrar nuestro deseo de transformarnos y nuestro miedo al cambio, y nos corresponde a nosotros escoger qué futuro deseamos y contribuir a que se haga realidad.»

DONATA FRANCESCATO

Rota la autoestima, el ser humano pierde la confianza en él mismo y con el mundo que le rodea, y su autoestima sufre un duro revés. Cuando la familia ya no es depositaria de lo más primario: el amor, y los padres son incapaces de acariciar y besar, y no es posible vivir un clima cálido de seguridad... la existencia básica y el equilibrio personal no están garantizados. Probablemente del sentimiento primario de confianza en la vida, es de donde surge la autoestima. Todos los seres vivos confían en la certeza de la supervivencia, de la gratuidad de aquello que misteriosamente les creó. La realidad es que todo es imprevisible, porque no existe el equilibrio seguro y la armonía total. La vida son etapas que hay que vivir, y el ser humano las acusa todas y está en función del mucho o poco afecto que reciba. Un ser afectivo necesita de la armonía que da el amor, pero si los hijos viven en continua tensión y carecen de afecto, básicamente, el aspecto emocional se resiente y el ser positivo enferma, y es muy posible que con el tiempo muera por dentro, dejando al descubierto una personalidad conflictiva, carente de confianza básica. De esta forma la autoestima se resquebraja.

El niño apaleado, injustamente maltratado, con toda seguridad será un adulto frustrado, porque todas las decisiones sobre ellos mismos fueron injustas. De pequeño se le faltó al respeto y este es un aprendizaje que el propio adulto emplea sobre sí mismo a través de los pensamientos negativos. Una y otra vez su mente se ve envuelta en contradicciones interiores que le hacen dudar de sí mismo. Le asaltan como fantasmas del inconsciente, que sólo tratan de desestabilizarlo. Esto ocurre en realidad, y muchas veces la persona afectada se sorprende de que en su fuero interno se produzcan distorsiones de la forma de pensar y sentir hacia ellos mismos. Cuando surge la crítica, el odio hacia uno mismo y nos perdemos el respeto, empezamos a desvalorizarnos. La peor falta de respeto es la que el propio individuo se inflige a sí mismo. De esta forma cunden el miedo, la desesperación, la depresión y el pesimismo. Todo este proceso sufrido por el niño, son impresiones que marcan hasta que se desarrolla la capacidad de autocrítica y podemos ser testigos de nosotros mismos. De esta forma, es posible empezar a poner orden en nuestra vida e intentar el cambio para mejorar. Pero quizá esta oportunidad no llegue nunca, porque, por sí solos, no podemos llegar a entender nuestro propio proceso. Profundizar para llegar a la raíz de nuestros conflictos más profundos es una tarea difícil y en muchos casos imposible, porque es como ver de cerca nuestro propio rostro oculto, que dirige nuestra vida desde la sombra del inconsciente, plagado de sucesos que provocan la desesperación y el miedo.

La autoestima como base fundamental de la armonía personal

La separación y el divorcio son traumas que rompen el equilibrio triangular entre padres e hijos y dejan huellas en la personalidad. La autoestima es entonces el fundamento de la persona humana, porque es el resultado de la experiencia que tenemos de la vida. En nuestro interior está depositado todo lo que día a día hemos ido viviendo a lo largo de la vida; por este motivo es tan importante que los padres seamos conscientes del valor profundo que tienen los hijos desde su nacimiento. La trayectoria de la vida es un cúmulo de circunstancias, y el amor y el odio son dos factores emocionales que armonizan o desequilibran la perspectiva de alegría y felicidad que todo ser humano quiere para sí mismo.

Por tanto, la autoestima es una necesidad básica.

Ha sido Maslow quien dijo que una de las necesidades que el ser humano siempre tiene, es la de colmar su autoestima.

El ser humano busca ser estimado y querido por los demás. Buscar el propio prestigio frente a los demás resulta realmente algo esencial.

Una vez alcanzado cierto grado de bienestar, es la base sobre la cual la persona se equilibra; monta la autoestima personal, se da valor o se lo quita, se aprecia o se desprecia. Esta sería realmente la dimensión familiar y social de la autoestima, que en cierto momento se remonta por encima del propio medio familiar. Las primeras experiencias sociales de verdadera importancia en relación a la autoestima se dan precisamente en la adolescencia. Son los adolescentes los que dan una importancia vital a ser estimados por los demás, y lo toman como referencia esencial ante la propia valía. Las referencias que los adolescentes dan en relación a las circunstancias de la autoestima son realmente esclarecedoras del tema que tratamos. La presión del grupo la podemos ver en un ejemplo muy corriente: a veces fuman, porque otros lo hacen, y eso les ayuda a creerse ellos mismos con más valor porque son supuestamente más valorados por los demás.

Las drogas, el alcohol y otras lacras sociales, en su origen, son producidas por la necesidad que el adolescente tiene de ser valorado por los demás y por sí mismo, y en su falta de experiencia optan por determinados elixires que supuestamente colman esas deficiencias.

Muchas de las problemáticas de los adolescentes radican en la baja autoestima, en la falta de aprecio personal, en la carencia del sentimiento positivo de la propia valía, y es aquí donde surgen los problemas, que en la mayoría de los casos se denominan con la etiqueta de crisis de la juventud o de la adolescencia, a veces denominada como la edad del pavo. Pero realmente para el individuo supone tal revulsivo una relación, armoniosa o calamitosa a su vida, que jamás se olvidará, y que determinan el futuro en relación al equilibrio y la adultez.

Realmente la autoestima es una dimensión de la persona que si tiene alguna entidad se basa en la relación que establece con otras dimensiones.

El ser humano no puede entenderse sin la triple perspectiva del triángulo del equilibrio, si en la familia es: padre, madre e hijos/as... en un concepto más amplio somos: cuerpo, mente y sociedad.

La autoestima forma parte de nuestra esencia corpórea en cuanto que las emociones producidas por nuestros pensamientos afectan a nuestro cuerpo influyendo sobre la mente, de tal modo que la depresión o la tristeza tienen su proyección en el cuerpo. También lo tienen a nivel mental la enfermedad física y el dolor.

Se han localizado multitud de manifestaciones corporales psicosomáticas y otras que son somatopsíquicas; según esto, podríamos enfermar de autoestima; es más, los niños pequeños sobre los que no se proyectan ni afecto ni estima de ningún tipo, mueren. La realidad mental de la autoestima es inexorable frente al hecho familiar y social, y va adquiriendo multitud de sentido a través de su influencia.

En lo social la autoestima implica un proceso de imparables cambios; lo importante es que crezca la estima personal y madure en un sentido positivo hacia la integración, hacia la maduración del propio afecto, de la propia valía personal, de la seguridad en uno mismo y esto supone un crecimiento mental y psicológico, en los propios pensamientos, en los propios sentimientos, en las propias emociones y en las múltiples experiencias que sobre la vida hacemos los seres humanos.

Consecuencias de la destrucción de la confianza básica

La historia real de Giorgio narrada por Donata Francescato es un ejemplo ilustrativo de cómo se forma la personalidad del individuo cuando se destruye la confianza básica en la familia y en la sociedad. El ser humano sometido por circunstancias negativas degenera hacia formas de ser distorsionadas. Las ofensas, el desprecio, la violencia... quiebran la nobleza del interior, destruyen el círculo mágico de las emociones nobles y desarrollan el círculo de las bajas pasiones donde el resentimiento es el caldo de cultivo de todas las demás manifestaciones violentas de la personalidad. Y si todavía, en el caso de Giorgio, existe una madre compasiva que le quiere puede haber una esperanza. El ser humano puede ser en estos casos contradictorio, pero su personalidad está marcada definitivamente a ser vulgar y descarada, tendiendo a identificarse con ideologías extremas en muchos momentos de la vida.

Cuando la familia y la sociedad siembran las semillas de la violencia y rompen continuamente la autoestima de niños y jóvenes, sin dudarlo, están creando al monstruo (ladrones, criminales, psicópatas, prepotentes violentos...). Parece mentira que todavía la sociedad no se haya dado cuenta de la importancia suprema que tienen los valores de la vida, y no se pongan en práctica como algo fundamental en la educación. Que si la familia infringe las leyes del equilibrio armónico, la sociedad consciente del significado de la «buena educación» tome las riendas de la solidaridad. De esta forma se evitaría tanto gasto en la construcción y en el mantenimiento de cárceles que sólo sirven para albergar las consecuencias del profundo despropósito inhumano.

* * *

Giorgio tiene veinticuatro años, lleva la cabeza rapada con una coleta rubia coronándole el cráneo, calza borceguíes con puntera de metal reluciente y trabaja, de cuando en cuando, como mecánico en el taller de un amigo en las cercanías de Mestre. Ha estudiado contabilidad porque su madre esperaba colocarle en un banco.

—Pero yo odiaba la contabilidad. Me hice suspender dos veces. Los profesores eran un «rollo», unos mojigatos de la peor especie. Me miraban mal porque yo «pasaba» de ellos. La escuela nunca me importó una mierda. ¿Está claro? Sólo iba a ver a los amigos y a «ligar».

Giorgio habla, se viste y se comporta como si estuviese irritado con todo el mundo, desconfiase de todos y temiese ser ofendido, despreciado.

¿Por qué reaccionaba así Giorgio? ¿Por qué tanto miedo a las respuestas de los demás? ¿Por sentimiento de inseguridad, tensión, sentimientos de inferioridad, angustia...? Estaba claro que en él existía un problema que abarcaba toda su personalidad y se disgregaba en innumerables confictos, todo por una endiablada educación violenta e ignorante; circunstancias particulares que le marcaron para toda la vida, destruyendo su confianza básica.

Giorgio es el tercer hijo de una familia friulana. Su padre, albañil, trabajó largos períodos en Suiza, mientras la madre se ocupaba de la casa y de los hijos. Ambos se habían casado muy jóvenes porque ella estaba embarazada de la hermana mayor, Teresa, que hoy cuenta veintiocho años. El matrimonio nunca funcionó demasiado bien porque...

—... No teníamos suficiente dinero. Además, mi padre se emborrachaba; aquí, entre nosotros, empieza las mañanas con un trago en el bar. En el Friuli somos grandes bebedores, pero mi padre no domina bien el alcohol. Se volvía violento y nos castigaba a todos con el cinturón. Cuando no bebía era un hombre simpático; un manitas, sabía hacerlo todo.

Cuando Giorgio tenía seis años, su madre, cansada de una vida de penurias y altercados, volvió con sus padres e intentó separarse, pero su familia, muy religiosa, se opuso. Así entre rupturas, reconciliaciones y altercados, pasaron varios años. En aquella época, Giorgio empezó a tener problemas de conducta en la escuela. Se peleaba con los compañeros, estudiaba poco y fue suspendido. Entre tanto la madre se separó definitivamente. Estaba muy deprimida. El marido le pasaba poco dinero y ella, tratando de ganar algo más, trabajaba de cajera en un bar hasta muy tarde por la noche. Giorgio y sus hermanos, que se quedaron solos, empezaron a frecuentar bares y locales de juego y a llegar tarde a casa. Ella intentaba corregirlos, pero sólo le obedecía la niña; los dos varones, ya adolescentes, hacían lo que les daba la gana; en consecuencia, los conflictos entre hermana, madre y hermanos aumentaban. Después el padre se fue a vivir con otra mujer, con la que tuvo una niña, y comenzó a ver poco a los hijos del primer matrimonio.

Reflexionando un poco sobre la madre de Giorgio, podemos ver que ella ya no puede enderezar la vida de sus hijos. Sacrifica su vida por sus hijos, trabajando hasta altas horas de la noche, y no puede conquistar un poco de aprecio y de cariño de sus hijos adolescentes. Ellos a esa edad se desbocan, ciegos por los impulsos. La fuerza de sus instintos primarios y la conflictividad que llevan dentro es un cóctel de consecuencias violentas y desordenadas que descargarán en la sociedad ingrata e insolidaria que ellos perciben. ¿Esa es la realidad? Ellos la ven así porque no cabe duda que los conflictos de los padres radican en la mala organización, desde todo punto de vista, de las clásicas sociedades egoístas de Occidente. En el capítulo anterior vimos varios ejemplos de madres que todavía podían rescatar a sus hijos adolescentes, y en el caso de Antonio, de veintitrés años, hijo de Nieves, todavía existía la posibilidad de ganar terreno a la intolerancia de los hijos. En el caso que estamos tratando era imposible. ¿Qué podía hacer la madre de Giorgio, más de lo que estaba haciendo? Ignoraba reglas de conducta, pero desde que nacieron sus hijos, y por el relato que hace Giorgio, amó a sus hijos hasta las ultimas consecuencias. Se preocupó de sus estudios para que vivieran mejor y después de separada de su marido, nunca los abandonó; muy al contrario, se volcó en ellos hasta verlos del todo emancipados, pero la fuerza destructiva del padre caló muy profundamente en aquellos niños inocentes. Mas, a pesar de todo, el corazón de aquella madre tuvo su influencia positiva, no cabe duda.

Recordando esos tiempos, Giorgio relata:

—Cuando mi hermanita nació, yo tenía catorce años y ya había comprendido que a mi padre no le importábamos nosotros. Yo quería una moto, pero él no me largó ni un centavo. Entonces yo y un amigo cogimos una «prestada». Los carabineros querían meterme en el «trullo», pero yo no tenía catorce años y me salvé.

Giorgio nunca estuvo en la cárcel, aunque en varias ocasiones se ha topado con la justicia por peleas y escándalos. Se reúne con un grupo de extrema derecha que odia a borrachos, inmigrantes y homosexuales. Fuma porros y toma «pastillas» los sábados, cuando va a la discoteca. Comenzó a los doce años, cuando:

—Mi madre lloraba todo el día cuando se había separado de mi padre y yo no sabía cómo animarla y me daba rabia.

¿Qué angustia, depresión, impotencia... sentiría Giorgio al ver a su amada madre en esas condiciones. Me recordaba a David —¿os acordáis del capítulo de «La angustiosa espera del niño ante la ruptura»? —en años anteriores, y en ese preciso momento se estaba formando la personalidad conflictiva de Giorgio.

Durante la adolescencia, las relaciones de Giorgio con sus padres empeoraron porque la madre no quería que sus hijos frecuentasen la casa de su ex marido y ellos iban de cuando en cuando a escondidas. La hermana mayor de Giorgio quedó embarazada y se casó. El hermano se fue de casa y Giorgio se quedó solo con su madre y empezó a sentirse mal. Después de suspender dos años seguidos abandonó el bachillerato. Por un tiempo fue a vivir con los abuelos y luego se mudó con un tío que vivía en Venecia. También peleó con éste y, a los veintitrés años, se juntó con una empleada que tenía un pequeño apartamento en Mestre. Sus relaciones tuvieron bastantes altibajos porque Giorgio es un manos largas, pendenciero, celoso y muy tradicional en las relaciones hombre-mujer.

—Las mujeres tienen que quedarse en su lugar —afirma.

Hay un refrán que dice: «El hombre en la plaza y la mujer en casa.» En el momento de la entrevista, Giorgio se ha instalado de manera provisional en casa de un amigo. Su novia le ha dejado, pero él comenta:

—No me importa, tengo todas las mujeres que quiero.

DE LO NEGATIVO, A LA BUENA DISPOSICIÓN DE LA SEPARACIÓN

«Es evidente que el resultado de la ruptura, tanto si se trata de separación como si es un divorcio, no es la amargura constante, el rencor permanente, la desilusión, la soledad interminable o la fobia a emprender nuevas relaciones amorosas. Por el contrario, las parejas que se rompen suelen ofrecer un balance positivo de la crisis, piensan que nada ni nadie hubiese podido salvar su matrimonio, que volverían a separarse, que la escisión fue necesaria y que en su nuevo estado se sienten más felices. En cuanto a su relación con los hijos, muchos opinan que la comunicación con ellos es igual o mejor que antes. Es cierto que la ruptura de pareja tiene muchos de los elementos de una tragedia humana, pero una gran parte del sufrimiento que ocasiona no es un síntoma de enfermedad, sino un signo saludable de supervivencia, de realización, de crecimiento vital y de desafío a la desesperanza, el cinismo, la apatía y el fatalismo humanos. A la postre, las parejas rotas, a pesar de la tragedia humana que representan, no significa la muerte del amor ni del hogar, sino su renacimiento; reflejan cambio, pero también continuidad; un final y también un principio; la caída de ideales frustrados y el resurgimiento de una nueva ilusión. Porque la necesidad de relación es una fuerza instintiva y vital en el ser humano.»

LUIS ROJAS MARCOS

Otros hijos tienen más suerte, porque sus padres, conscientes del daño les ayudan incluso con psicoterapia y saben relacionarse con gente en la cual pueden apoyarse. Esto debiera ser lo normal hoy día, encontrar apoyo social y la solidaridad de familiares y amigos.

Los factores culturales, económicos, afectivos, ambientales y el equilibrio psicológico, influyen en la maduración y liberación de los problemas. Y no debemos olvidar que la familia rota, si es consciente de los caminos de la armonía, seguirá siendo la primera escuela para el equilibrio emocional, donde aprende el ser humano a sentirse a él mismo y en donde se aprende la forma en que

los demás reaccionan ante los propios sentimientos. Este aprendizaje emocional no sólo
opera a través de lo que los padres dicen y hacen
directamente a sus hijos, sino que también se manifiesta en los modelos que les ofrecen para
manejar sus propios sentimientos. Los padres separados también seguirán siendo modelos para
sus hijos si saben afrontar con valentía el reto de
seguir siendo buenos amigos. Procurando redu-
cir e incluso hacer desaparecer todo rastro de
emoción dañina, surgen poco a poco horizontes
de esperanza y de cambios benignos.

No se puede ignorar a los hijos cuando necesitan una atención especial, y más pensando que
ellos no han sido la causa que motivó la ruptura.
El impacto positivo que producen los padres
conscientes del problema de sus hijos, si saben
empatizar, es realmente extraordinario, porque
al final estos niños sabrán canalizar mejor todo
su mundo emocional, calmándose adecuada-
mente. En definitiva, de lo que se trata es de ayu-
darles a desarrollar sus propias capacidades para
controlar mejor sus altibajos. Cuando se sabe
que todo el organismo se dispara por este tipo
de estímulos circunstanciales, se concede la
mayor importancia a enseñar a nuestro hijos a
volver a la calma, a través de nuestra paz y so-
siego. Biológicamente ellos reaccionarán, y no

cabe duda que si nuestras acciones nos transforman a nosotros mismos, ellos también se transformarán, mejorando su estado mental y su salud física.

Un nuevo amanecer en el respeto

La tristeza y la desmoralización con el tiempo desaparecen y se vuelve a empezar. Después de la dureza de los primeros meses o años, y si las buenas intenciones han ido fraguándose día a día en buenos pensamientos y sentimientos, la pareja rota consolida sus lazos afectivos en una nueva relación. Entre ellos y sus hijos nace la oportunidad de ser de nuevo alegres. Un muevo amanecer se ha creado, gracias a la buena voluntad y el esfuerzo continuo de todos, incluidos los hijos. Cada uno por su sitio, pero unidos en una nueva fidelidad responsable. El presente es lo que importa y todos los errores del pasado fueron ya perdonados, porque nunca se sabrán muchas causas que originaron los comportamientos aparentemente anómalos de uno u otro miembro de la pareja.

Clara es una adolescente de catorce años, hija única. Su padres se separaron cuando contaba once años. Desde entonces vive con su madre.

Es una chica equilibrada y estudiosa, desde que superó la crisis de la separación de sus padres obtiene buenos resultados en sus notas. Sus padres se mantuvieron unidos durante diez años y durante ese tiempo no recuerda nada malo, al contrario, todo discurrió de forma armoniosa y muy positiva. Menos el tiempo que duró la separación.

—Para mí fue muy duro y no me dio tiempo a reaccionar —recuerda Clara—. Fue de pronto. Mis padres no se ponían de acuerdo en algunos asuntos relacionados con los negocios que llevaban entre los dos. Ellos siempre se entendieron bien, pero... por motivos que todavía desconozco, se enzarzaban en discusiones que me hacían sufrir. Mi padre, algunos días, no iba a casa, y mi madre estaba nerviosa y fumaba sin parar. Yo le preguntaba qué es lo que estaba pasando, pero ella siempre me decía que no me preocupara, que todo se resolvería. Que era solamente una mala racha y que todo volvería de nuevo a ser como antes. Pasaron los meses y ya no se hablaban, y al poco tiempo se separaron.

Clara lo pasó muy mal, sobre todo por lo angustiante del mutismo de sus padres. Preguntaba y nadie le daba ninguna respuesta.

—La decisión de mis padres de separarse fue muy acertada, porque en aquellas condiciones era imposible vivir juntos. Yo no entendía por qué de pronto se empezaron a llevar tan mal, y ahora después del tiempo que ha pasado y hablando con ellos comprendo muchas cosas. Desde luego fue la mejor solución, porque en esas condiciones habría sido imposible seguir viviendo juntos. Por la mañana me levantaba obsesionada, sufriendo angustiada aquel tormento. Me sentía desequilibrada y obsesionada por todo. Pensaba mucho en mí, lo reconozco, pero es que era muy pequeña y además me cogió de sorpresa, y eso creo que es muy malo. Por lo menos para mí fue así.

—Tus padres, desde el principio de la separación, ¿se empezaron de nuevo a llevar bien?

—No. Fue mucho después, cuando ya arreglaron todo y cada uno rehízo su vida por su lado. Un día me invitaron a comer y me llevé una sorpresa. Desde entonces nuestras relaciones de familia rota son muy buenas. Ellos, cuando se encuentran, hablan como si no hubiera pasado nada. No sé, la verdad es que sus reacciones me sorprendieron bastante. Se juzgan positivamente el uno al otro. Y nunca les he visto hablar mal el uno del otro. Sí, son muy buenos. Pero las cosas sucedieron así.

—¿Tienes amigos?

—Sí, para mí la amistad es lo más importante. Me gusta estar con mis amigos y amigas porque cuando estoy triste o nerviosa tengo con quienes desahogarme o confiarme. Ellos representan mucho para mí, junto con mi familia. Con mis padres tengo una relación profunda. Además tengo dos casas y en cada una me han puesto mi habitación. ¿Qué más puedo pedir? Pero lo más importante es que no me han dejado de querer, y yo les quiero mucho también, y eso es lo más importante. Lo pasé muy mal, pero también maduré con el tiempo. Ahora comprendo que detrás de cualquier problema se esconde una lección que hay que aprender.

—Pero se pasa muy mal, ¿no?

—Fue muy difícil en todos los sentidos: fuera y dentro. Pero aprendí mucho para conocer a las personas y saber que todas las amistades no pueden llamarse así. Hubo muchas traiciones y desilusiones sentimentales.

—Tus padres, ¿te ayudaron siempre?

—A mis padres siempre los tuve a mi lado y eso fue lo más importante.

—¿Qué te aportó de positivo la separación de tus padres?

—Pues mucho más de lo que pensaba cuando me encontraba triste y angustiada. He aprendido a ser humilde y comprensiva. Soy menos impulsiva. No me lleno de prejuicios y tampoco juzgo a la gente a la ligera. me he acostumbrado a pensar un poco más.

—Tus padres, ¿se han casado de nuevo?

—Mi padre sí. Se casó hace un año. Es muy positivo porque me llevo muy bien con su mujer. Así tengo dos familias y conozco a mucha más gente con la que me llevo fenomenal. Ella se considera una hija separada feliz, gracias a sus padres que tuvieron la voluntad de superarse a sí mismos perdonando viejas culpas para empezar un nuevo amanecer. No se puede pensar que el matrimonio dure toda la vida. Siempre hay que pensar en la posibilidad de que en un momento determinado el matrimonio deje de funcionar. Los hijos deben comprender el motivo de la ruptura. Es importante hablar de ello, afrontar el problema y resolverlo con mucho sentido positivo, pensando no sólo en uno mismo, sino en el bien de la familia rota. Porque por encima de todo está el amor y la amistad.

CAPÍTULO VIII

NARCISISMO, DEPRESIÓN, VACÍO EXISTENCIAL...

«¿Son estas las huellas de la decadencia y la deshumanización del ser humano de nuestro tiempo?

La pareja estuvo siempre condicionada a lo largo de la historia por la patología psicosocial de la cultura de la época. Como señaló el sociólogo Christofher Lasch, el mal de una era suele manifestarse en la expresión exagerada de los rasgos del carácter de los hombres y mujeres que forman la sociedad del momento. Desde finales de los años sesenta ha brillado la generación del yo, el culto al individuo, a sus libertades y a su cuerpo, y la devoción al éxito personal. La dolencia cultural que padecemos desde entonces es el narcisismo, aunque según dan a entender estudios recientes, la comunidad de Occidente está siendo invadida ahora por un nuevo mal colectivo: la depresión.

La prevalencia del síndrome depresivo está aumentando en los países industrializados, y las nuevas generaciones son las más vulnerables a esta aflicción. Así la probabilidad de que una persona no nacida después de 1995 sufra en algún momento de su vida de profundos sentimientos de tristeza, apatía, desesperanza, impotencia o autodesprecio, es el doble que la de sus padres y el triple que la de sus abuelos. En Estados Unidos y en ciertos países europeos, concretamente, sólo un 1 % de las personas nacidas antes de 1905 sufrían de depresión grave antes de los setenta y cinco años de edad, mientras que entre los nacidos después de 1955 hay un 6 % que padece de esta afección. En cierto modo se puede decir que de padres narcisistas están naciendo hijos melancólicos

Algunos expertos señalan que la actual proliferación del pesimismo y la desmoralización es consecuencia de la descomposición del modelo tradicional de la familia o del alto índice de rupturas en las relaciones de pareja. Otros lo achacan a la vida estresante y plagada de luchas de las grandes urbes, a la doble carga del trabajo y el hogar que soportan las mujeres, al estado de continua frustración que ocasiona el desequilibrio entre aspiraciones y oportunidades, o al sentimiento de fracaso que produce la persecución obsesiva e inútil de ideales inalcanzables.

Independientemente de la importancia que tengan estos factores en la transición de la cultura del narcisismo a la era de la depresión, la fuerza impulsora más potente de este cambio está en el hecho de que las estrategias narcisistas están perdiendo su eficacia entre los hombres y mujeres de hoy.

Las tácticas egocéntricas se nutren de la convicción de que el ser humano es el eje del universo, superior a todas las criaturas vivientes, dueño total de sí mismo y poseedor de la verdad absoluta. El narcisista es incapaz de relacionarse verdaderamente con su pareja porque no puede interrumpir su fijación en sí mismo ni por un momento para poder entrar con empatía, con comprensión y con afecto en la vida de la otra persona y aceptar su naturaleza independiente.

A pesar de sus ingredientes patológicos, las defensas narcisistas nos resultan muy útiles porque mantienen nuestra capacidad de autoengaño —la más humana de todas las cualidades del ser humano— y configuran un escudo protector contra nuestra conciencia de fragilidad, de pequeñez y de impotencia. Esta es precisamente la razón por la que, a medida que nos desposeemos de la coraza de

omnipotencia, experimentamos paralela-
mente sentimientos de aprensión, de vulne-
rabilidad y de baja autoestima.»

LUIS ROJAS MARCOS

Narcisismo, autoengaño, pereza, egoísmo, autosatisfacción, depresión...

Siempre que escribo un libro me gusta hablar de mi experiencia personal, porque es lo más cercano que vivo y es una lección aprendida que puede ser enseñada, porque el mal que padecí, lo están atravesando una inmensa mayoría de seres humanos en la actualidad. La enorme suerte que tuve fue, poder tomar conciencia de la realidad exterior e interior, y con mucho esfuerzo y paciencia, poder desgranar todo un entramado hereditario, educativo y circunstancial que me arrastró a mí también a las profundidades del desequilibrio. Terrible complejidad que tuve que aceptar para ser testigo de su propia influencia.

No cabe duda que todos los seres del mismo tipo que yo sufrimos el terrible azote de la banalidad, al no tener capacidad para entender que la vida de cada uno es una fracción pequeña e insignificante en todo el universo. Luis Rojas Marcos tiene razón cuando analiza de forma objetiva que estamos sujetos a un proceso imparable de evolución, que existen fuerzas incontrolables, desconocidas o inconscientes que influyen poderosamente sobre nuestros deseos, actitudes y conductas, y que nuestra valoración del comportamiento de los demás depende de dónde nos situemos, de nuestra capacidad de ubicarnos genuinamente y con afecto en el lugar de la otra persona.

Yo también fui un gran narcisista y depresivo. Como consecuencia de esta forma anómala de ser me sentía vanidoso y prepotente, incapaz de conectar con los sentimientos de mi pareja. Vivía un mundo irreal de autoengaño: el mío. La vida era vivida como si fuera una comedia donde sentía cada momento como si no fuese verdad, desde una sensación insoportablemente banal. De esta forma es todo como la bruma, desde donde se juega irresponsablemente con los demás y todo se contempla a través de un conocimiento distorsionado. Como norma, se miente. La fantasía ya no puede ser nuestro alimento mental como lo fue en nuestra infancia. La vida se presenta con todo su poder real, tan fantástica como podría ser nuestra mente, pero hay que vivirla con objetividad. Cuando se descubre que algo marcha mal dentro de nosotros y que somos generadores de conflictos en nuestra propia familia; cuando las crisis nos atenazan por lo que somos, o mejor, por lo que patológicamente no somos, entonces empezamos a poner soluciones, pero quizá sea tarde, porque hemos creado ya un entramado de conductas que hacen nuestra personalidad irremediable. Cuando hemos caído en esa trampa, ya nadie cree que podamos cambiar, y lo más triste es que... si hemos cambiado nadie lo aprecia, porque ellos, nuestra familia, viven de las impresiones que hemos dejado día a día en sus mentes. Nuestros hijos y nuestras esposas poseen ya la impresión de nuestra personalidad inmadura y no pueden tratarnos de otra forma distinta a como les hicimos sentir. Es como estar enredado en una tela de araña, esperando ser devorado por la depresión y la muerte. Cuando nos damos cuenta de lo que tristemente somos y el daño que hemos causado, se nos caen todas las ficticias razones que sostenían nuestra pobre existencia.

Cuesta mucho superar la dura barrera ordinaria del día a día después de tanto tiempo. Pero, sin embargo, despertamos a un estado de conciencia que supone un avance en nuestro desarrollo humano. Empezamos a *ser* y nuestras relaciones con los demás se van nutriendo de la esencia de la realidad.

La vida no es una ficción, ni tampoco una mentira. Nuestra familia es una célula que necesita ser nutrida de afectos y de mucha verdad. No se puede tomar a la ligera, ni de una forma trivial, a seres que esperan de nosotros lo mejor. Con el tiempo, el conocimiento y la humanidad triunfan inexorablemente. El narcisismo es derrotado y esa estúpida forma absolutista de pensar, creyéndonos el centro del universo, es derrotada por el conocimiento de la realidad objetiva. Toda acción consciente genera una fuerza de energía, y si ésta es de noble propósito, vuelve a nosotros con su misma o redoblada intensidad. Cuando derribamos las barreras que impiden la expresión de nuestra verdadera identidad noble, empezamos a sembrar semillas de felicidad. Evidentemente somos sembradores de pensamientos, emociones y acciones, y de lo que sembramos, eso cosechamos. Hoy día se están sembrando ideas materialistas y de egoísmo asombrosamente perjudiciales. El comercio, sea el que sea, para obtener beneficios incita continuamente a un hedonismo atroz y por este y otros motivos cunde un desánimo colectivo cargado de dudas y desasosiego; todo esto son los efectos de nuestras equivocaciones por circunstancias superficiales, subvalorando la dimensión profunda de la vida. Somos así por ser incapaces de desplegar nuestros pensamientos para razonar sobre las diversas situaciones que se nos presentan. La mayoría prácticamente no piensa, se deja arrastrar, y el desarrollo de las capacidades para apreciar y valorar todo lo que nos rodea es mermado, está en clara decadencia, siendo un peligro al que nos acercamos y vivimos, y en algún momento tenemos que pagar un alto precio por nuestra ignorancia. Ya lo estamos pagando, es obvio; ese muro infranqueable que hemos construido hacia los demás y hacia nuestro entorno será demolido por una profunda crisis mundial. La depresión es como un terremoto que nos está conmoviendo a muchos para cambiar y poder apreciar el mundo en la medida que es: profundamente auténtico, serio y nada mentiroso. La relación entre hombre y mujer se configurará de una forma más equilibrada. Los cambios que se experimentan en la sociedad los estamos viendo constantemente en los medios de comunicación, y el hombre y la mujer, en su eterna lucha, son los protagonistas de multitud de noticias relacionadas con la discriminación de la mujer, el aborto, el acoso sexual, la violencia doméstica... la lucha de la pareja por liberarse de la tradición que tanto perjudicó a la familia, donde los hijos y la mujer, en la mayor parte de los casos, fueron los que se llevaron la peor parte.

No cabe duda que la sensibilidad aumenta en muchos seres humanos, que posiblemente sean mayoría, y son éstos los que darán ejemplo en la participación mutua y activa en el cuidado y la educación de los hijos. Se producen separaciones y divorcios, pero muchas parejas separadas se hacen conscientes del problema y asumen con profunda responsabilidad el después, sin traumas ni violencias, creando hábitos de nobleza y dando, conscientemente, preferencia al buen trato y al crecimiento en la amistad. Muchas parejas separadas florecen en otra nueva unión y no olvidan su responsabilidad para sus ex esposas e hijos, «e incluso el vertiginoso ritmo de la vida cotidiana provoca en las personas una gran necesidad de compañía, de intimidad y de apoyo emocional —escribe Rojas Marcos—. Parece que cuanto más impersonal, más compleja y tecnológica es la existencia, más agudo es el anhelo de contacto humano, de amistad y de comprensión.»

Erich Fromm señala: «El ansia de relación es el deseo más poderoso en el hombre, la pasión fundamental, la fuerza que aglutina a la especie humana, al clan, a la familia y a la sociedad. La solución total de la existencia es la unión entre personas, la fusión con otro ser, el amor.»

Hedonismo

Pero, insisto, la realidad presente es terriblemente narcisista y hedonista. La preocupación por el cuerpo y su placer es preocupante, no por el placer en sí, sino por la despreocupación, la irresponsabilidad y el vacío materialista. La vanidad invade todos los rincones de nuestro planeta, y mientras unos pasan hambre y necesidades otros se aburren, sólo preocupados por sus físicos y dónde gastar el mucho o poco dinero que poseen; sin inquietudes del nivel que exige su propia naturaleza profunda; ciegos ante todo lo que existe; embrutecidos por su tontuna brutal; obsesivamente excitados para consumir convulsivamente sexo, sin seso suficiente para ver más allá del propio y poderoso deseo biológico y bioquímico de satisfacerse personalmente sin pensar en nadie más. Esclavos del cuerpo, comen, beben, se drogan y ejercitan la sexualidad de consumo. Son los de siempre, aquellos que aparecen en los libros sagrados, adoradores del dios oro y de sus vicios, entregados a una forma de vida desprovista de algo elemental como es el control desde el conocimiento personal. Esta masa formará algún día familias, y si no cambian empezando a apreciar su propia existencia, su irresponsabilidad hedonista y narcisista, dejará una profunda huella igualmente irresponsable en sus hijos. ¡Ojalá me equivoque! Pero la ignorancia y la deshumanización son males que producen monstruos inhumanos, en cualquiera que por desgracia no siga un sistema de vida, el que sea, que le lleve a conocer mínimamente su propia existencia para dar sentido constructivo desde la concentración y la atención vigilante de todos sus actos. La vida tiene sentido cuando se consiguen objetivos de armonía y equilibrio; de otra manera seremos marionetas movidas por nuestro propios impulsos, y una marioneta movida por los demás o por los poderosos instintos es un muerto, o un robot, incapaz de reaccionar con voluntad propia a su propio proceso. Cuando el ser humano ha perdido el dominio sobre sí mismo y se deja arrastrar por el capricho del comercio; del cine y la televisión; de las músicas que no *impregnan,* sino que, *atrapan sus cuerpos y sus almas;* de los poderosos instintos que se vuelven aberrantes por el vicio... ¡malo! Algo está pasando en esos seres que no funcionan armoniosamente.

Ahora más que nunca, me gusta leer la historia de la humanidad, desde que tenemos conocimiento escrito de los comportamientos humanos, y hoy día, no hay nada nuevo bajo el sol, sólo que quizás algunos cerebros sean más potentes pero no mejores cerebros que los de nuestros antepasados. Somos siempre los mismos en el terreno emocional y de pensamientos. La misma complejidad. Ahora en muchos aspectos es mejor y en otros nos arrastran endiabladamente a la locura. El odio es el mismo, mas armado de instrumentos para la destrucción total. Los deseos son los mismos, ansiamos la felicidad por encima de todo y la mayoría encuentra en el placer del cuerpo (comiendo, bebiendo, fornicando) lo más fácil. El hedonismo es lo más fácil, y lo peor de todo, lo más superficial que nos lleva a la esclavitud de los hábitos instintivos. El placer sensorial es inmediato, nos cautiva y es bueno sentir así, lo malo es la superficialidad, la pereza, el egoísmo que desarrollamos y a tantos vicios descontrolados, de los que no se puede salir y que nos hacen aberrantes seres inhumanos. Molestas y asquerosas sabandijas que caen en las aberraciones atacando continuamente la libertad y el respeto de los demás.

El amor es el mismo de siempre, quizás algo más expandido, aunque nos cueste creerlo, y gracias a él se sostiene el mundo todavía en pie, pero es insuficiente. Sólo cuando nos eduquen desde la familia y la escuela a amar, y lo pongamos en acción, podremos decir que hemos llegado a un punto de conocimiento esencial, como es la comida para vivir y el amor para vivir en equilibrio y en paz.

En mis libros me gusta incluir algún artículo de prensa, y en este también lo haré.

Están ocurriendo en el mundo entero fenómenos sociológicos que me hacen pensar. Muchos cerebros ávidos de ganancias piensan y llegan a conclusiones objetivas sorprendentes. Muchos son los empresarios que no piensan en balde, y sin amor ni gaitas, piensan sólo ganar. Y los vemos limpiando los ríos, las montañas, creando productos ecológicos, y también descubriendo que los sentidos del ser humano perciben, se estremecen con músicas, imágenes... Que el erotismo nos enciende los deseos y nos provoca para lo que estamos creados: saciar nuestros apetitos sexuales; potentes instintos primarios que nos excitan y concentran energías que de alguna forma tenemos que descargar. La sexualidad es una de las necesidades primarias que se dispara, nada más entrar en la fase adolescente. La abundancia energética hace que los individuos se relacionen con placer. La comunicación de la erótica en todos los animales tiene un fin concreto reproductivo, pero en los seres humanos alcanza todos los aspectos de la vida; esto nos permite realizar conductas eróticas con el único y exclusivo objetivo de obtener placer o de reproducirnos, o de comunicarnos. El desarrollo insólito de nuestro cerebro superior o córtex nos da la posibilidad de gozar. Eso es bueno. Pero sorprendentemente también puede esclavizarnos, y es ahí donde cae una inmensa cantidad de gente ignorante. De la ignorancia se aprovechan los listos que desean llenar sus arcas a costa de la irresistible atracción hedonista. Y conociendo al ser humano adolescente y juvenil, crean a propósito un cóctel que denominan *Love Parade* (Desfile del amor) compuesto de: sonido (música tecno), pensamientos y emociones (prohibido enfadarse, paz y amor), lo guapo, lo sexy, el disfraz, sentirse maravilloso, los cuerpos desnudos, la agitación, los estímulos excitantes, la música a todo volumen para romper los tímpanos, para no oírse ni siquiera a sí mismo, desfilar por el amor, amor por teléfono, para disfrutar intensamente dentro de una gran familia, alegría de vivir, excentricidad forzada, los espasmos rítmicos, beber, bailar, mear en las estatuas, libertad total para disfrutar a tope, drogas no, drogas sí, exhibicionismo, en nombre del amor se desactiva cualquier síntoma de agresividad en un inmenso mar de individualidades hedonistas, «Dios también es amor. Para más información, en cualquier iglesia»... ¿Qué fenómeno social es este que sorprende a muchos que consideran que son hábitos perniciosos de una juventud de suburbio y de la descomposición social y familiar? ¿Son los tiempos que corren por las profundas carencias de amor y unión familiar? ¿Son las consecuencias de un mundo cuyo pragmatismo está basado en la influencia y en el poder del dinero? De lo que no hay duda es que las grandes empresas hacen sus negocios a costa de la ignorancia y las tendencias de unos jóvenes cegados por su protagonismo, por su erotismo y el ansia de romper con la rutina, el aburrimiento... de una sociedad enferma en su moralidad y sus intereses egoístas históricos. Y ellos caen en las redes de unos organizadores que no aman nada y sin embargo utilizan el amor como reclamo. Que no creen en la alegría de vivir y sin embargo también utilizan esta bella frase para ganar. Si ellos no ganan estarían muy tristes. Si ellos no ganan con su clientela, la odiarían profundamente, pero amarla, nunca la amarán, porque su amor, que no es amor, es la consecuencia de ver sus arcas llenas. Como ganan, llaman a sus clientes «inteligentes individuos que no temen disfrutar juntos». Y yo me sigo preguntando: ¿Que está pasando en el mundo para que los cerebros de la juventud no perciban el endiablado entramado consumista que les manipula para ser sólo marionetas de sus negocios? ¿Qué tipo de ceguera es esa que sólo despierta para la autocomplacencia? Perdona, amigo lector, por salirme un poco del tema, aunque creo que todo guarda relación, cuando vemos que la deshumanización es un desierto que empieza a erosionar a la familia y carcome a la sociedad entera. Es bueno divertirse, pero cuando la diversión es espontánea y no manipulada, aunque pienso que de todos los fenómenos podemos aprender y sobre todo de las individualidades, porque si pudiéramos meternos en la vida de cada chico y chica por unos momentos, comprenderíamos, de una forma objetiva, qué les lleva al ser humano a conducirse por caminos tan artificiales, y atender la voz metálica de robots deshumanizados que sólo hablan ya con sonidos *tecno*lógicos buscando sólo ganancias con ellos. Pero... ¿es que ya todo es así? Así es. Parece ser que el ser hu-

mano se idiotiza, se vuelve bobo... con sólo
pensar en ser un poco más feliz, sintiéndose
importante y aparentemente libre.

«El País», 11 de julio de 1999

«La mayor y mejor fiesta del mundo», «la discoteca total», «la gran orgía de los superlativos». Los organizadores y participantes de la Love Parade en Berlín no escatimaban calificativos ante el impresionante éxito que, de nuevo, en su décimo aniversario (10 de julio de 1999) fue la convocatoria del mayor festival de música tecno del mundo. Según las primeras estimaciones fueron entre 1.200.000 y 1.500.000 los jóvenes y no tan jóvenes llegados de toda Alemania y gran parte de Europa, los que se dieron cita ayer en la larga avenida del Dieciocho de Junio, eje principal del viejo y nuevo Berlín unido. El viernes ya habían comenzado a llegar a Berlín columnas de vehículos, trenes especiales y aviones repletos de ravers, entusiastas bailones discotequeros de la música que, según ellos, refleja como ninguna el espíritu de fin de milenio.

Pero fue ayer a las dos de la tarde, con puntualidad, cuando estalló la locura al ponerse en marcha, uno tras otro, desde los dos extremos de

165

la avenida —la Puerta de Brandenburgo y la plaza de Ernst Reunter—, los más de cincuenta camiones convertidos en escenarios y en plataformas para decena de miles de decibelios. Una inmensa masa apenas permitía avanzar a estas carrozas cargadas de altavoces y de centenares de ravers, con el pelo teñido en multicolor o la cabeza afeitada, desnudos o semidesvestidos, muchos con piercings en la lengua o en la cara, en el ombligo o los pezones, y adornados con boas de plumas fosforescentes o pinturas metálicas.

Está claro que la Love Parade de Berlín ha logrado un éxito impresionante, y no sólo en cuanto al número de gente que logra convocar, sino con el mensaje de que está poco menos que prohibido estar enfadado. La convocatoria en nombre del amor y de la fiesta parecía haber desactivado ayer cualquier síntoma de agresividad en aquel inmenso mar de individuos, muchos de ellos nada serenos, por cierto. Esto es lo que llevó a presentadores de las televisiones alemanas a hablar de un fenómeno de armonía.

... Pobres y ricos, derechas e izquierdas, habían estado llegando durante toda la mañana en una interminable marea humana de color y decibelios a la cita, en aquella gran avenida que durante el siglo XX ha sido escenario de

las grandes manifestaciones multitudinarias de la revolución proletaria de 1919 y del nazismo hasta 1945. La Love Parade (Desfile del amor) es ya un fenómeno social, según muchos de sus artífices, tanto o más que aquellas citas reivindicativas. A los partidos políticos no les ha pasado inadvertido, y hasta los jóvenes cristianos demócratas de la Junge Union y las Juventudes Liberales, los yuppies prototípicos de la sociedad alemana, estaban ayer en el desfile, con menos plumas, desnudos y alusiones gestuales a la fornicación que los grupos más coloristas del omnipresente movimiento gay.

Desde hace meses, comunidades enteras de niñas hacen régimen para que les quede bien el corpiño transparente. Por fin, la juventud alemana vuelve a tener un objetivo: adelgazar para Berlín. En los últimos años se les ha grabado en la cabeza: ¡Desnúdate!, menos es más. Los cuerpos semidesnudos se funden en este defile por la paz y el amor. Pero la celulitis y la tripa cervecera no pintan allí nada. Hasta los pueblerinos son conscientes de que su cuerpo no será bien recibido. El voyeur berlinés no perdona defectos físicos. Aquí solo lo celebramos gente guapa. Lo guapo es sexy. ¡Bienvenido a Berlín, tecnofanático!

Con tan solemne mensaje recibía ayer un suplemento especial de la Love Parade a los participantes. El tal Karsten Lutz que lo firma no es ni más ni menos sesudo que la mayoría del público al que se dirigía. «Esta es la generación del final del milenio», decían una y otra vez los gurús de «este maravilloso y desenvuelto hedonismo» tecno en cuanto les ponían un micrófono enfrente.

Parece mentira que un fenómeno que muchos consideran poco más que un daño colateral de los hábitos perniciosos de la juventud suburbial, de la desideologización y de la descomposición social y familiar tenga la fuerza de convocatoria demostrada ayer en Berlín. Y sin embargo, responde, al parecer, a los tiempos que corren por el viejo mundo. Es la respuesta de centenares de miles de jóvenes, llegados de toda Europa para disfrazarse, sentirse maravillosos en una maravillosa familia multitudinaria y bailar a «149 breaks» por minuto, saltos o golpes de ritmo o sacudidas de los pies y dedos señalando el cielo, sin más variación que el desmayo de algún miembro cuyo sistema cardiovascular dimite antes de tiempo. Se acarician y miran a sí mismos mientras bailan. Encantados de haberse conocido.

El cuerpo es el protagonista. Se cultiva y se decora. Se degusta y utiliza. Los cuerpos des-

nudos y sudorosos que ayer se agitaban, están más cultivados que la articulación del lenguaje que demostraban los ravers (forofos del tecno) en sus conversaciones. Tampoco vaya nadie a creer que ayer se habló en el centro de Berlín. No se podía uno oír ni a sí mismo, por lo que nunca había nadie a quien contestar ni rodeado de un millón de amigos. En realidad, no hay nada de qué hablar. Las cosas son como son. Y se repiten, como la música que se baila, como el ritmo y los gestos de la danza. Todo sencillez y placer y nada de líos. En todo caso alguna gamberrada, como mojar al prójimo con pistolas de agua.

Nada de líos. Hay que desfilar por el amor, auspiciados por todas las grandes empresas que ayer cultivaban en Berlín a su clientela. Así la Deutsche Telecom ofrecía amor por teléfono móvil, las televisiones hacían de la masa espasmódica «inteligentes individuos que no temen disfrutar juntos» y Planetcom, la compañía que organiza la Love Parade, convertía la alegría de vivir en suculentos ingresos.

Había mucha excentricidad forzada, feísmo por doquier y desnudos tan autocomplacientes como escasamente gratificantes. Y hasta los más guapos de los guapos, los más maquillados decorados y entusiastas de sí mismos ofre-

cían un aspecto muy poco apetecible después de ocho o diez horas de baile incesante a 30 grados de temperatura en un día radiante de sol en Berlín.

La mina de oro del Dr. Motte

La Love Parade adquirió ayer unas dimensiones que hacen ya difícil, por cuestiones puramente organizativas, que siga creciendo. Es además un negocio redondo para quienes hace tan sólo diez años, cuando no había caído aún el muro que dividía en dos la ciudad, organizaron la primera cita en el Bulevar del Kurfürstendamm, el popular Ku'damm. Sólo 150 personas acudieron a la convocatoria y apenas llamaron la atención en Berlín, una ciudad en la que hay manifestaciones un día sí y otro también.

Tan sólo cinco años después eran ya más de 200.000 y tuvieron que cambiar de escenario porque ya no cabían en el original. La manifestación, organizada por un grupo que se convirtió en sociedad y que mantiene los derechos sobre el nombre registrado, es ya una mina de oro que su principal artífice, conocido como Dr. Motte, defiende implacablemente. Tanto que se ha hecho muchos enemigos entre los políticos que ven inaceptable que un festival cuyas cargas asume en

gran parte la ciudad, tenga al final unos benefi-
cios particulares. El Dr. Motte lleva a los tribu-
nales a cualquiera que intente sacar un benefi-
cio de este festival. Este año ha visto frustrados
por los tribunales su intento de obtener el mo-
nopolio de ventas de bebidas en todo el distrito
de Tiergarten. Y se ha visto obligado a partici-
par en la financiación de las tareas de limpieza
después de la Love Parade, que el año pasado
costaron a la ciudad más de 15.300.000 pesetas.

¿Qué conclusión podemos sacar de este fenómeno social? ¿Qué piensan y sienten todos
esos jóvenes? ¿Son conscientes de la manipula-
ción que sufren, por cerebros que sólo quieren
ganar dinero a su costa? ¿Son seres necesitados
de amor y alegría porque en sus familias carecen de él? ¿Son seres erotizados que tratan de
dar una salida a su energía sexual a causa de
todas sus frustraciones? ¿Se les puede llamar ra-
cistas? ¿Qué son los hijos de la Europa de prin-
cipios de milenio? ¿Quieren deshacerse de todo
tipo de cadenas y expresar su libertad a toda
costa? ¿Necesitan comunicar emociones y recibir a la vez los estímulos?

ÍNDICE

COLECCIÓN
TEMAS DE FAMILIA

LA EDUCACIÓN DE LOS HIJOS
Dudas más frecuentes
Autor: Mariano González Ramírez

CÓMO HABLAR CON LOS HIJOS
Comunicación familiar
Autor: José Francisco González Ramírez

EL NIÑOS DE 0 A 3 AÑOS
Ser padres en la edad de la ternura
Autor: José Francisco González Ramírez

ELEGIR LA GUARDERÍA Y EL COLEGIO
Guia para seleccionar un buen centro
Autor: José Francisco González Ramírez

LAS FANTASÍAS DE LOS NIÑOS
"Mentalidad" infantil
Autor: José Francisco González Ramírez

LA ADOLESCENCIA
Edad crítica
Autor: Mariano González Ramírez

EL NIÑO ANTES DE NACER
Estimulación prenatal y embarazo
Autor: José Francisco González Ramírez

PIS Y CACA
Educación para el autocontrol
Autor: José Francisco González Ramírez

EDUCACIÓN Y ORDEN FAMILIAR
Cada uno en su sitio
Autor: Mariano González Ramírez

POTENCIAR LA INTELIGENCIA EN LA INFANCIA
Nuevos métodos de aprendizaje
Autor: José Francisco González Ramírez

NIÑOS SUPERDOTADOS
Ser muy listo ¿Es un problema?
Autor: José Francisco González Ramírez

DIVORCIO
¿Qué huella deja en los hijos?
Autor: Mariano González Ramírez

CRECER ENTRE HERMANOS
Los celos
Autores: Mariano y José Francisco
González Ramírez

LOS ABUELOS
Su importancia en la familia
Autor: Mariano González Ramírez

LA COMPETITIVIDAD ENTRE LOS NIÑOS
Enséñale a comprender sus límites y posibilidades
Autor: Mariano González Ramírez

PADRES PERMISIVOS
Hijos problemáticos
Autor: Mariano González Ramírez

LA AGRESIVIDAD EN LOS NIÑOS
Violencia infantil
Autor: Mariano González Ramírez

PAPÁ Y MAMÁ
Modelos para nuestros hijos
Autor: Mariano González Ramírez

EL PERRO, UN AMIGO EN LA FAMILIA
El papel de la mascota
Autor: Mariano González Ramírez

LA ADOPCIÓN
Cómo adoptarlo. Cómo educarlo
Autor: Mariano González Ramírez

COLECCIÓN
ÉXITO PERSONAL

DEJAR DE FUMAR
Método de autoayuda para dejar de fumar
Autor: José Fco. González Ramírez

EUTANASIA
Una ventana abierta a la esperanza
Autor: Mariano González Ramírez

VENCER LA TIMIDEZ
Habilidades para ser menos tímidos
Autor: José Francisco González Ramírez

SENTIRSE BIEN
Ayúdese con terapias alternativas
Autor: José Francisco González Ramírez

POTENCIAR LA MEMORIA
Ejercicios para desarrollar la memoria
Autor: José Francisco González Ramírez

LA AUTOESTIMA
Fortalecer la confianza en uno mismo
Autor: José Fco. González Ramírez

LA DEPRESIÓN
Cómo superarla
Autor: Mariano González Ramírez

¿SABEMOS ESTUDIAR?

El estudio eficaz y los exámenes

Autor: José Francisco González Ramírez

SER PADRES HOY

Consejos para la educación de sus hijos

Autor: José Fco. González Ramírez

AUTOCONTROL

Fórmulas para controlar el estrés

Autor: José Francisco González Ramírez

LA CRÍTICA ¿DESTRUYE?

Los efectos dañinos de la crítica

Autor: Mariano González Ramírez

CONTROL MENTAL
Desarrolle la capacidad de su mente
Autor: Mariano González Ramírez

TANTO TIENES TANTO VALES ¡MENTIRA!
Diferencias entre "ser" y "tener"
Autor: Mariano González Ramírez

LENGUAJE CORPORAL
Claves de la comunicación no verbal
Autor: José Fco. González Ramírez

CONCIENCIA EMOCIONAL
Conocernos para estar en paz
Autor: Mariano González Ramírez

ANOREXIA
Ayuda para superarla
Autor: José Fco. González Ramírez

¿PREOCUPADO? NO, GRACIAS
Tomar conciencia de nuestras
preocupaciones para vivir más alegres
Autores: Mariano González Ramírez

SOY POSITIVO
El elogio nos hace fuertes
Autor: Mariano González Ramírez

VIVIR EN PAREJA
Apuntes para una convivencia feliz
Autor: Mariano González Ramírez

SUPERAR LA IMPOTENCIA
Claves para una sexualidad plena
Autor: José Fco. González Ramírez